für Anne, Tota und Leonie

Erzähl mir vom Leben

Vier Generationen in verschiedenen Kulturen

Herausgegeben von Ilse Thoma (Fotos) in Zusammenarbeit mit
Claude Jansen (Text) und Tanja Székessy (Gestaltung)

Vorwort von György Ligeti

Benteli Verlag Bern

IMPRESSUM

SPONSOREN

© 2003 Benteli Verlags AG, Wabern/Bern,
und Ilse Thoma, Hamburg
© 2003 Ilse Thoma für die Fotografien
© 2003 Claude Jansen für die Texte

Gestaltung
Tanja Székessy, Berlin
Lektorat
Christine Flechtner, Benteli Verlag
Fotoabzüge
Larry Lazarus, Hamburg
Fotolithografie
Atelier Urs & Thomas Dillier, Basel
Gesamtherstellung
Benteli Verlags AG, Wabern/Bern
Printed in Switzerland

ISBN 3-7165-1327-X

Benteli Verlags AG
Seftigenstraße 310, CH-3084 Wabern/Bern
Telefon (+41) 031 960 84 84
Fax (+41) 031 961 74 14
info@benteliverlag.ch; www.benteliverlag .ch

Für die freundliche Unterstützung danken wir dem
Verlagshaus Gruner + Jahr und der Zeitschrift BRIGITTE.
Die BRIGITTE-Ausstellung ERZÄHL MIR VOM LEBEN
mit Fotografien von Ilse Thoma findet vom 2. Oktober –
7. November 2003 im Verlagshaus Gruner + Jahr, Am Baumwall 11
in 20459 Hamburg statt.

Wir danken sehr für die Förderung durch Frau **Susanne Veltins**.

Anfang der sechziger Jahre begann ich zu reisen, privat und beruflich. Privat jenseits der sich schon abzeichnenden touristischen Trampelpfade, beruflich an die *In-Orte*, auch wenn man sich oft genug exotische locations aussuchte. Aber wo immer ich war: Ich schaute mich um. Sah Orte und Menschen, alte und junge, aufblühende und zerfallende, hoffnungsvolle und verzweifelte. Sah, wie sie trotz aller Probleme Familien haben und immer haben werden – die selbstverständlichste Lebensform, in allen Ländern der Erde.

Ich beobachtete, wie sich alles zu ändern begann, erst allmählich, dann immer schneller. Die Welt beschleunigte sich in einem zuvor kaum vorstellbaren Maße. Auch die Familien wurden davon erfasst. Jahrhundertealte Lebensformen zerfielen. Ich sah, dass sogar die Gesichter der Menschen sich zu ändern begannen.

Auch mein eigenes Leben änderte sich: Die Kinder wurden erwachsen, die Ehe zerbrach, die neuen beruflichen Erwartungen machten mir zu schaffen. Ich machte zwar mit in dem Schnelligkeitstaumel, spürte aber immer stärker das Bedürfnis, gegenzusteuern. Festzuhalten, zu dokumentieren. Fragen zu stellen. Denn ich war Frauen begegnet, wie es sie nie wieder geben würde. Wie sind ihre Gesichter so geworden, wie sie sind? Welche Erfahrungen stehen dahinter? Wie haben diese Frauen gelebt? Welche Wünsche hatten sie damals für ihre Zukunft – und welche für die Zukunft ihrer Kinder? Wie stehen ihre Kinder in der Gegenwart: Haben sie noch eine Ahnung von der Vergangenheit, so wie ihre Großmütter und Urgroßmütter sie verkörpern? Interessieren sie sich noch dafür, und sei es aus Neugier?

Wieder begann ich zu reisen, diesmal gezielt, in die ganze Welt. In Länder »moderner« Zivilgesellschaften und in solche, in denen partiell die alten Strukturen noch erhalten sind. Ich befragte Familien, alle Generationen. Schwerpunkt: die Frauen, »die andere Hälfte des Himmels«. Fotografierte sie. Fand Gemeinsames und fand Trennendes. Und war so tief beeindruckt von einigen, ihrer Klugheit, ihrer Würde, ihrer Verwurzelung, dass ich dachte: Wenn meine Enkelin jemals als Erwachsene den Wunsch verspüren sollte, diese Familien auch zu treffen – dass dann hoffentlich ein wenig von dem, was hier festgehalten ist, noch besteht.

Ilse Thoma

Zu diesem Buch trage ich gerne bei, weil ich seit den ersten Erzählungen von Ilse Thoma Anteil daran genommen habe: an ihren Begegnungen mit Frauen in den unterschiedlichsten Teilen der Welt, die aber alle in der Gemeinschaft der Generationen miteinander leben. Diese Frauen zu porträtieren, schien mir eine fast unlösbare Aufgabe zu sein.

Die kulturellen Unterschiede sind heute noch sehr groß, befinden sich aber in einem Prozess der allmählichen Aufweichung. Dort aber, wo es keine flächendeckende Stromversorgung gibt, sind die Zustände noch fast archaisch. Andernorts hat sich die Struktur der Kulturen völlig verändert. Der entscheidende Faktor dafür war das Fernsehen.
Wenn die heutigen jungen Mädchen hineinwachsen in das Alter der heutigen Großmütter, wird das tägliche Leben grundsätzlich anders sein. Die digitale Technologie wird alles durchdringen, die Menschen werden ganz anders denken.
Lebensgewohnheiten wie im Hochland von Bolivien oder jene des Jemen durchlaufen bis dahin eine Umwandlung: Die einzelnen Kulturen bleiben unterschiedlich, doch ihre Konturen werden nicht mehr so leicht erkennbar sein.

Das Wertvolle an dieser Arbeit ist, dass sie die Lebensweise und Gedankenwelt der heute sehr alten Frauen, ob in Deutschland oder Gambia, in Kalifornien oder Israel, für die Enkelgeneration beschreibt und festhält.
Eine Welt von gestern wird durch dieses Buch lebendig und greifbar bleiben.

Juli 2003   *György Ligeti*

Gambia, Serekunda

Mariama, ca. 100
Tunko, ca. 57
Awa, 37
Ramou, 18; Agisuna, 14

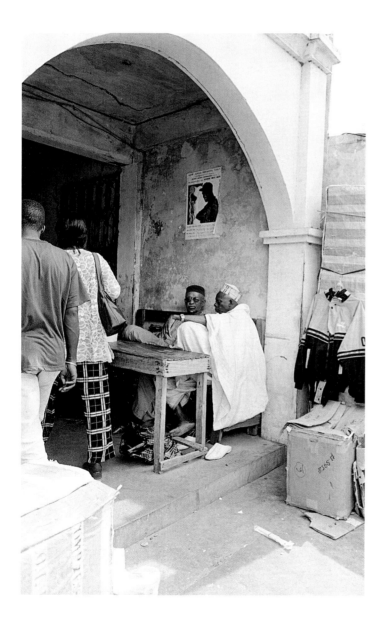

Rege Geschäftigkeit in den Straßen Serekundas, der zweitgrößten Stadt Gambias.

It is a tradition for friends, when there is a full moon to spend the night together,
singing and dancing and generally sharing … It is a custom enjoyed by the young and old

Baaba Maal

Vordere Reihe, von links nach rechts: Tunko, Mariama, ihre Schwester mit der kleinen Fatu, Awa. Hinter ihr ihre Töchter Agisuna und Ramou.

Sag nur, was du weißt. Tu nur, was du kannst. Und wenn du dich hinlegst, dann schlafe auch.
Sprichwort, Wolof

Gambia, das kleinste afrikanische Land, liegt umschlossen vom Senegal an der Nordwestküste Afrikas. Das Flugzeug landet in Banjul, der Hauptstadt. Der neu gebaute Flughafen sieht aus wie ein gewaltiges graues Betonbonbon. Ein Zeichen für Modernität und Offenheit, repräsentativen Zwecken dienend. Das Land ist darum bemüht, die Küstenregion touristisch nutzbar zu machen. Wir erreichen den Flughafen am späten Abend, die Sonne ist schon untergegangen. Beim Verlassen des Gebäudes kommt uns eine feuchte, milde Brise entgegen.

Dankbar wenden sich unsere Blicke gen Himmel. Der riesige Vollmond, der uns empfängt, macht Umrisse erkennbar und verleiht den sandfarbenen Kühen, die am Wegesrand weiden, einen Heiligenschein. Die rote Staubwolke, die hinter unserem Auto aufsteigt, gibt den wenigen wahrnehmbaren Dingen die angemessene Unschärfe, damit unsere Augen sich vorsichtig an die neuen Bilder gewöhnen können: kleine Lehmhütten, Marktstände, die zu so später Stunde von Kerzenschein beleuchtet werden, Fußgänger, die langsam durch die Dunkelheit schreiten. Bald erreichen wir das Haus unserer Gastgeberin. Nach einem kurzen Willkommensgespräch fallen wir müde unter unsere Moskitonetze.

Wir treffen uns mit Awa Jobarteh im Restaurant der Herberge, deren Geschäftsführerin sie ist. Bei unserer Ankunft sitzt sie entspannt auf der überdachten Terrasse, in der einen Hand hält sie ein Mobiltelefon, in der anderen eine Dose Nescafé. Sie sitzt mit dem Rücken zum Eingang und hört nicht, dass wir den Raum betreten.

Der rechte Blusenärmel ist von ihrer Schulter gefallen, und wir schauen auf einen weichen, dunklen Rücken. Leise machen wir auf uns aufmerksam, und Awas schwarze Augen vergrößern sich um ein dreifaches.

Sie legt den Hörer beiseite, drückt uns fest an ihren warmen Körper und ruft laut unsere Namen aus. Schnell befiehlt sie uns, Platz zu nehmen, beendet ihr Telefonat, sorgt dafür, dass leere Tassen vor uns aufgebaut werden und füllt diese mit heißem Wasser. »Nehmt Kaffee. Was wollt ihr wissen? Die Familie ist vorbereitet.«

Das Telefon klingelt, doch sie verweigert, es zu beantworten. »Es ist wunderbar, dass ihr Gambia besucht. Ich liebe unser kleines Land. Wir Afrikaner müssen damit beginnen, die Länder aufzubauen, mit Kraft, Stolz und Engagement. Das ist eine große Aufgabe, die nicht leicht zu bewältigen ist. Die politischen Bedingungen sind schwierig, die Infrastruktur ist miserabel, die Korruption blüht, die Balance zwischen Reich und Arm ist durcheinander gebracht. Viele Gambianer, die aus Europa oder Amerika zurückgekehrt sind, bringen Geld und verwirren die Köpfe.

Die gesamte Struktur ist aus den Fugen geraten. Wir sind immer noch damit beschäftigt, uns von den Folgen des Kolonialismus zu erholen. Kaum hatten sich die Länder befreit, sind sie mit neuen Problemen konfrontiert worden.

Noch vor wenigen Jahren hat hier niemand daran gedacht, seine privaten Interessen zu verfolgen. Wir lebten in großen Gemeinschaften, die ums Teilen bemüht waren. Heute ist es anders. Alle streben nach dem großen Geld, doch wissen die meisten Menschen gar nicht, wie sie es bekommen sollen. Sie wollen die Statussymbole besitzen, Autos, Häuser, teure Kleider. In Wirklichkeit aber haben viele Menschen nicht einmal genug zu essen. Armut zuzulassen ist ein Verbrechen.«

Awa wird in ihrem enthusiastischen Plädoyer unterbrochen. Das Telefon will nicht ruhen. Sie entschuldigt sich für das Klingeln, das sie abermals stoisch ignoriert. Wir verabreden uns für den morgigen Tag und lassen Awa alleine mit ihrem klingelnden Handy.

Ein Fototermin bei Mariama

Das Wort »Compound« haben die Engländer eingeführt. Es bezeichnet eine Wohnstätte, bestehend aus kleinen Lehmhäusern mit Wellblechdächern, die hufeisenförmig angelegt sind.

Heute ist der große Tag. Es war nicht leicht, sie alle zur selben Stunde an einem Ort zu vereinen. Anders als im idyllischen Hüttendorf, leben die Menschen in den Städten meist nicht mehr in der Obhut der gesamten Familie. Aber heute werden sie zusammengeführt und gemeinsam fotografiert. Mit der kleinen Teufelskiste, die die Seele stiehlt, wie hierzulande die Alten und Weisen behaupten. Wir treffen uns im *Compound* von Mariama, Awas Großmutter. Doch unsere Gastgeberin ist nicht da. Heute ist Freitag, der Tag, an dem eine gläubige Muslimin sich zum Gebet in die nahegelegene Moschee begibt.

Bedauerlicherweise hat sie einige Zeit darauf verzichten müssen, dem wichtigen Ritual beizuwohnen. Sie hat eine schwere Malaria überstanden, ein Wunder in ihrem Alter. Wie alt genau sie allerdings ist, weiß niemand so recht.

»Vielleicht hundert Jahre«, schlägt Awa, ihre Enkeltochter, mit gerunzelter Stirn vor. Sie soll im Jahr der
besonders guten Ernte geboren sein. Das ist der einzige
Anhaltspunkt, der ihr Geburtsjahr festlegen soll. Aber
wer will das schon wissen. Das Jahr der guten Ernte klingt
richtig, denn Mariama, so sagt Awa, sei eine besonders
starke Frau, die früh ihren Mann verlor und tapfer alleine durchs Leben ging. Das ist in Gambia eher unüblich,
denn wenn eine Frau verwitwet ist, wird sie vom Bruder
des Verstorbenen oder einem nahen Verwandten geheiratet. Awas Mutter Tunko beugt sich vor und mischt
sich zurückhaltend in die Erzählung ihrer Tochter ein.
»Unsere Mutter wollte lieber mit uns alleine weiterleben. Wir gingen gemeinsam aufs Reisfeld und mit den

Überschüssen der Ernte auf den Markt. Auch wenn wir nicht viel hatten, galt für sie immer
eine Regel: teilen. Täglich kochte sie eine Extra-Portion Reis mit etwas Fisch und hinterließ
eine Schüssel in den Ästen eines nahegelegenen Baumes, um den Fremden etwas zu geben,
die noch weniger hatten als wir. Dafür erntete sie im Dorf bald viel Respekt und wurde im
Ältestenrat aufgenommen.«

Tunko, die über ihre plötzliche Geschwätzigkeit erschrickt, lehnt sich wieder zurück, so als
wäre sie gar nicht da. Awa greift nach Tunkos Hand. »Meine Mutter wollte gar nicht reden.
Sie findet, ihr Englisch ist nicht gut genug. Dabei spricht sie doch gut, oder?« Tunko schüttelt
den Kopf und bittet ihre Tochter fortzufahren.

»Keine wichtige Feierlichkeit sollte von nun an ohne meine Großmutter stattfinden.
Sie war Zeremonienmeisterin bei Hochzeiten und Taufen, vollzog die Totenwäsche und
wurde in das Handwerk der Beschneidungen eingeweiht, das sie bei ihren Töchtern und uns,

ihren Enkeltöchtern, ausübte.« Awa macht eine Pause und blickt auf ihre Armbanduhr. Wir warten. Es ist gut, dass Mariama nicht pünktlich ist, so haben wir genügend Zeit, all diese Dinge zu erfahren und uns mit ihrem Zuhause vertraut zu machen. Außerdem lernen wir zu warten. Warten ist hier ganz normal. Man betrachtet die Zeit nicht als vergeudet, sondern als Geschenk. Mariamas Schwester nimmt uns ohne Vorankündigung in den Arm und führt uns durch den Compound. An buntgestrichenen Lehmwänden hängen zackelig ausgeschnittene Fotos aus Modemagazinen: Cindy Crawford, Claudia Schiffer und andere weiße Models. Immer noch unsere Hände haltend, deutet sie auf zwei junge Mädchen, die verschämt schmunzelnd ihre Köpfe senken. Wir sind im Mädchenzimmer, und das, was an den Wänden hängt, sind unumstößliche Vorbilder.

Es geht weiter. Sie führt uns in eine benachbarte Hütte, die aus zwei kleinen Räumen besteht. Jetzt nennt sie den Namen ihrer Schwester und zeigt anschließend auf sich. Die Zimmer sind jeweils mit einem großen Metallbett und einer Kiste ausgestattet. Am Bettrahmen hängen lederne Anhänger: *Jujus*, die das Böse abwenden sollen. Während unseres Rundgangs sind alle wichtigen Frauen der Familie eingetroffen und warten aufs Mittagessen. Unsere Gastgeberin ist immer noch fort. Ein lautes Geschnatter lässt die dünnen Wände erzittern.

Wir machen uns auf den Weg zur Moschee, wollen Mariama überraschen. Die kleine Fatu, ein Mädchen, das Englisch spricht, begleitet uns. Wir spazieren durch den roten Sand und errei-chen das kleine weiße Lehmgebäude, dessen Zwiebeltürme mit türkisfarbenen Ornamenten verziert sind. Die Gebete des Muezzins wirken einladend und wir wagen uns in den Hof. Zielstrebig gehen wir auf das Hauptportal zu, doch Fatu zerrt uns zur Seite. »Die Frauen beten hier.« Sie deutet auf einen Nebeneingang, vor dessen Tür Mariama augenblicklich damit beschäftigt ist, Flip-Flops über ihre Füße zu ziehen. Sie will gerade losgehen, doch beim Anblick

der Frauen, deren Ankunft sie fast vergessen hätte, erstrahlt ihr gütiges Gesicht. Sie schließt uns in ihre Arme und wir machen uns zu viert auf den Heimweg.

Endlich vereint, kommen wir nun zum gemeinsamen Mittagessen. Ein riesiges rundes Aluminium-Tablett, bedeckt mit Reis, Fisch und einer scharfen Sauce, wird in die Tischmitte gestellt. Nach einem kurzen Tumult, den wir nicht verstehen, kommt Fatu mit zwei Löffeln zurück an den Tisch. Die sollen für uns sein, unsere ungeschickte Art, mit den Händen zu essen, macht sie lachen. Ein freundliches Lachen, eine Höflichkeits-form, die eingesetzt wird, um uns vor einer peinlichen Situation zu bewahren.

Nach dem Essen werden Schälchen gereicht, um die Hände zu reinigen. Dann geht es raus vor das Haus.

Ein Gruppenfoto unterm Mangobaum. Es dauert eine Weile, bis alle ihren richtigen Platz gefunden haben, denn die ganze Familie soll abgelichtet werden. Awa hat ihre Großmutter länger nicht gesehen und drückt sie immer wieder kräftig an ihren Busen. Dabei erfahren wir, dass Großmütter und Enkeltöchter eine besondere Bindung zueinander haben. Die Omas sind nämlich nicht nur dazu da, ihre Enkel zu beaufsichtigen, wenn die Mütter ihre tägliche Arbeit verrichten, oder um vor dem Einschlafen schöne oder gruselige Geschichten zu erzählen.

Sie genießen es auch, die Sorgen, die die Kinder mit ihren Eltern haben, zu lösen. Dafür gibt es Rituale, ein inszenierter Streit, ein kleines Rollenspiel, bei dem die Beteiligten festgelegte Positionen einnehmen. Das endet dann in einem großen Spaß, denn der Respekt, den die Kinder vor älteren Mitgliedern der Gemeinschaft haben, ist absolut unangefochten.

Awa albert mit ihrer Großmutter herum, als wäre sie wieder das kleine Kind. Awas Mutter Tunko hat ihren Platz unterm Mangobaum längst eingenommen und schweigt. Ebenso die Enkeltöchter, die gerade von der Schule gekommen sind und uns mitteilen, dass ihre Zeit knapp ist. Es geht los. Der gemeinsame Fototermin bereitet uns allen große Freude, doch anschließend sind wir erschöpft von der schweren Mittagshitze.

Zeit zu ruhen, besonders für Mariama. Aber weil sie den Besuch und die Aufregung so sehr genießt, lockt sie uns in ihren kühlen Raum, bietet uns einen Platz auf ihrer Bettkante an und zieht eine Colanuss aus ihrer Rocktasche. Diese in der Hand haltend, deutet sie auf unsere Bäuche, die sie vorsichtig streichelt. Wir verstehen die Geste erst, nachdem wir einen Bissen von der bitteren Nuss gekostet haben. Ein Verdauungsmittel. Dann sagt sie: »Colanüsse sind ein Zeichen für Frieden und Versöhnung. Wenn es einen Streit gibt, werden Colanüsse zum Schlichten gereicht. Und wenn ein junger Mann ein Mädchen heiraten möchte, so muss er viele, viele Colanüsse zu ihren Eltern bringen, bevor er um ihre Hand anhält.«

Mariamas Schwester bestätigt das soeben Gesagte, legt sich satt auf den Gebetsteppich und blättert in Fatus Schulheft, das die Mengenlehre bildlich erklärt. Auf der Seite mit dem komisch aussehenden Astronauten hält sie inne und fängt an zu kichern. Ob sie weiß, dass schon einige Menschen auf dem Mond waren?

So vergeht eine Zeit. Wir lachen, ruhen, schweigen. Bis Fatu ins Zimmer kommt und Mariamas Schwester mit ausgestreckter Hand auf mich zeigt, während sie und Mariama mit fragen-
den Augen auf mich blicken und etwas besprechen. Fatu übersetzt:

»They ask whether you have children.«
»No.«
»They ask you, whether you have husband.«
»No.«
– Pause –
»They think you have a cool life.«

AWA JOBARTEH: »ICH BIN EINE REBELLIN«

Awa sitzt auf ihrem roten Plüschsofa. Hinter ihr stehen, feierlich aufgereiht wie auf einem Altar, Bilder, die die ernsthaften Gesichter von zwei Männern abbilden, die der Welt bekannt sind: Malcom X und Martin Luther King.

»Es sind meine größten Vorbilder. Ich bin auch eine Rebellin. Das habe ich meiner Großmutter zu verdanken. Sie war und ist eine außerordentlich starke Persönlichkeit. Sie setzte sich immer für die Schwachen ein und ging selbstbewusst durchs Leben – ohne einen Mann an ihrer Seite.«

Awa Jobarteh ist heute siebenunddreißig Jahre alt, Mutter von vier Kindern und behauptet von sich, eine moderne Frau zu sein. Wobei der Begriff »modern« anders betrachtet werden muss als in unseren westlichen Kulturen. Wenn zum Beispiel in Deutschland Frauen ihren emanzipatorischen Weg darüber definieren, als berufstätige Frau und Mutter durchs Leben zu gehen, so ist das in Gambia nichts Neues. Frauen haben immer viel gearbeitet. Nicht nur in den typischen Funktionen wie Kindererziehung oder Haushalt. Sie begleiten ihre Männer auf die Felder, üben oft dieselben körperlichen Arbeiten aus und übernehmen gesellschaftlich wichtige Funktionen. Wenn man Awa fragt, was sie in ihrem Leben als Frau verändern würde, so ist es vor allem eine Sache, der sie den Kampf ansagt: die Polygamie. Damit verbundenen ist der Wunsch, eine gleichberechtigte Partnerschaft zu führen.

»Wenn ein Mann mehrere Frauen hat, ist er der Boss und alle Frauen fügen sich«, schimpft Awa. »Das muss so sein, denn die Frauen streiten viel untereinander, und den ewigen Unfrieden im Zusammenleben kann auf Dauer niemand ertragen. Auch wenn der Mann dazu verpflichtet ist, alle Frauen gleich gut zu behandeln, passiert das natürlich nie. Oft ist die erste Frau völlig vernachlässigt, weil diese Ehe arrangiert ist. Die folgenden werden meist frei gewählt und erfahren entsprechend mehr Zuwendung. Aber auch Männer haben nur ein Herz. Liebe ist nicht teilbar.« Wenn Awa mit ihrem Mann streitet, dann über dieses Thema, denn er beobachtet das fortschrittliche Verhalten seiner Frau mit einem lachenden und einem weinenden Auge.

»Mein Mann ist eigentlich auch ein moderner Mensch, wir gehören zu den Paaren, die einander freiwillig gewählt haben. Auch das ist bei uns noch lange nicht selbstverständlich. Die meisten Paare werden nach wie vor traditionell von ihren Eltern verheiratet. Bei uns war es eine richtige Liebesheirat, und vorher hat mein Mann lange um mich geworben.« Jetzt lacht sie so herzzerreißend, dass ihr die Tränen in die Augen schießen. »Ich habe ihn lange werben lassen, das kann ich Euch sagen! Dennoch gibt es Momente, in denen er sich etwas über mich ärgert. Dann sagt er immer, ich sei schon wie eine europäische Frau – natürlich mit einem Schmunzeln auf den Lippen. Es gibt aber Situationen, in denen er sein Ansehen gefährdet sieht, dann, wenn er von seinen Freunden für mein Streben nach Gleichberechtigung gehänselt wird. In diesen Momenten ängstige ich mich, denn die Möglichkeit, dass er sich eine Zweitfrau nimmt, scheint in seinen Gedanken nicht ausgeschlossen. Aber ich werde alles dafür tun, dass dies nicht passiert.« Sie lacht laut auf, denn sie weiß, dass ihr Mann in Wahrheit auf ihrer Seite ist. Er fördert ihren Lebensentwurf, unterstützt sie in ihrer Arbeit als selbständige Unternehmerin.

»Ich hatte es oft schwer, meinen Willen durchzusetzen und meine Arbeit eigenständig auszuüben. Es gibt Verwandte und Freunde, die mich kritisieren und mir vorwerfen, ich würde meiner Rolle als Ehefrau und Mutter nicht gerecht. Doch ich bin davon überzeugt, dass ich meinen zwei Töchtern ein gutes Vorbild bin. Ihr Leben wird davon geprägt sein, und sie werden mit einem viel größeren Selbstverständnis unabhängig durch ihr Leben gehen.«

Awa ist sehr stolz darauf, dass die älteste Tochter Ramou im nächsten Jahr nach England gehen wird, um dort zu studieren.

»Aber ich werde sie schrecklich vermissen. So ist das nun einmal mit den Veränderungen. Sie haben immer zwei Seiten. Wenn eine Frau beginnt, ein unabhängiges Leben zu führen, muss sie sich zwangsläufig aus der Obhut der Familie begeben und ihren eigenen Weg gehen.

Allerdings hoffe ich sehr, dass sie nach einer gewissen Zeit nach Gambia zurückkehrt und ihre im Ausland gewonnenen Erfahrungen hier nutzbar macht.

Es ist wichtig, dass unser Land sich den Neuerungen in der Welt nicht widersetzt und wir eine angemessene Verbindung zwischen Tradition und Fortschritt entwickeln können.«

Awas fünfzehnjährige Tochter Agi betritt den Raum. Sie wirft ihren Rucksack in die Ecke und gähnt erschöpft. Der Träger der ausgewaschenen Jeanslatzhose fällt von ihrer breiten Schulter. Ihr kurz geschnittenes, lockiges Haar wird mit einem roten Kopftuch gebändigt, das sie wie eine junge Hip-Hop-Queen am Hinterkopf zusammengebunden trägt. Große Creolen schmücken ihre Ohren und an den Schuhen blitzt das Zeichen einer namhaften Sportmarke. Nach wenigen Worten der Begrüßung zieht Agi sich zurück, legt ihren Schleier an und betet.

Neunzig Prozent der gambianischen Bevölkerung bekennt sich zum Islam, der sich schon im 11. Jahrhundert stark in Westafrika verbreitete. Allerdings durchmischen sich islamische Rituale mit den Naturreligionen, die in vielen afrikanischen Ländern unterschiedlich praktiziert werden. Die wichtigsten im Koran festgeschriebenen werden jedoch eingehalten. Dazu gehören das fünfmal täglich verrichtete Gebet, das Fasten während des Ramadan, das Spenden von Almosen und der tägliche Unterricht in der Koranschule, die jedes Kind nach seinem normalen Schultag besuchen muss.

Es ist zwei Uhr nachmittags, und die Schule ist aus. Ihr Gesicht ist deutlich entspannter, als sie sich wieder zu uns ins Wohnzimmer gesellt. Agi und Awa strahlen einander an. Sie sehen sich sehr ähnlich.

»Wir erzählen uns eigentlich alles«, sagt Agi ganz unvermittelt. Und Awa fügt hinzu: »Agi ist mit einem ganz anderen Selbstverständnis für ihre Kultur aufgewachsen. Sie muss nicht mehr kämpfen, wie ich es getan habe.« Agi besucht eine gute Schule, trifft sich abends mit ihren Freundinnen zum Tanzen und betet fünfmal am Tag. Sie feiert Feste in traditioneller Kleidung und hat ebenfalls eine enge Verbindung zu den Frauen ihrer Familie.

»Als ich klein war, habe ich auch viel Zeit mit meiner Großmutter verbracht. Sie lebt mit Mamas Schwester zusammen auf dem Land. Ich bin sehr gerne dort. Wir saßen abends oft am Feuer und haben Geschichten erzählt und mit vielen Kindern in Großmutters Bett geschlafen.«

Awas Mutter Tunko wurde vor vielen Jahren als Zweitfrau von ihrem Mann geschieden. Sie hat zwei Jungen und vier Mädchen zur Welt gebracht. Eine zweite Ehe kam auch für sie nicht in Frage. Zusammen mit ihrer Tochter besitzt sie einen großen *Compound*, in dem sie einige Zimmer vermietet. Nebenbei verkauft sie verschiedene Dinge auf dem Markt.

»Meine Mutter ist eine kluge Geschäftsfrau. Wisst ihr, wir gehören zum Stamm der Mandinka. Unsere Wurzeln reichen zurück bis ins alte Mali-Reich.

Der Name ›Jobarteh‹ hat zwei Bedeutungen. Er bezeichnet entweder eine Musiker- oder eine Handelsfamilie. Das zweite trifft auf uns zu. Alle Frauen in unserer Familie machen gute Geschäfte und kommen wohl deshalb auch sehr gut ohne einen Mann aus.«

»Ich könnte mir nie vorstellen, dass Papa eine Zweitfrau nimmt,« ruft Agi mit tiefer Stimme. »Ich wäre furchtbar eifersüchtig. Aber zum Glück sprechen wir immer offen mit unserem Vater. Außerdem sind wir Frauen in unserer Familie so stark, dass er bestimmt Angst vor uns hätte.« Awa lacht laut und nickt zustimmend.

Agi führt uns durch das Einfamilienhaus und zeigt uns ihr Zimmer. In der Abwesenheit der Mutter fragen wir neugierig, ob sie einen Freund hat. Agi verneint.

»Das möchte ich noch nicht. Damit wären meine Eltern gar nicht einverstanden und das respektiere ich. Auch wenn wir ein sehr offenes Verhältnis zueinander haben, gibt es eine Regel, die nicht verletzt wird: Respekt vor den Eltern zu haben bis an ihr Lebensende. Das werde ich immer befolgen. Aber ich glaube, wenn ich einmal älter bin, darf ich schon einen Freund haben und werde sicherlich nicht sofort in die Ehe gedrängt. Das muss aber heimlich sein. Ein offenes Geheimnis. Das ist so in unserer Kultur. Die Eltern würden nicht wollen, dass ich es öffentlich zeige. In meiner Schule gehen einige Mädchen damit anders um, die haben schon Freunde. Aber

da bin ich anders. Ich liebe meine Eltern sehr und will sie nicht verletzen.«

Agi muss sich nun ihren Schulaufgaben zuwenden. Wieder im Wohnzimmer angekommen, hören wir laute Musik aus Agis Zimmer. Sie spielt die neue CD von Youssou N'Dour. »Wir verehren Youssou«, kommentiert Awa. Er zeigt der Welt, dass Afrika eine eigene Kultur hat, und er lehrt die Afrikaner, dass sie diese pflegen müssen, ohne sich dem Westen zu verschließen. Ja, wir haben noch einen langen Weg vor uns. Globalisierung gilt noch lange nicht für alle Länder dieser Welt.«

Unzählige filigrane Schmuckstücke zittern an Awas Körper und produzieren helle Klänge. Wie eine Operndiva sitzt sie da, mit ihrer voluminösen, tiefen Stimme und dem opulenten Kleid, zu dessen Stoff sie die passende Kopfbedeckung trägt. Die energischen Augen und die Kraft ihres Körpers vermitteln den Eindruck, dass sie ihren kämpferischen Geist nicht verlieren wird. Wir stehen noch lange vor dem Haus und tratschen, bevor wir uns trennen. Als wir im Auto sitzen, kommt Ramou, Agis Schwester, um die Ecke. Wegen ihrer bevorstehenden Prüfung hatte sie keine Zeit, mit uns zu reden. Jetzt ruft sie uns zum Abschied noch rasch etwas zu, das vom lärmenden Motorengeräusch fast verschlungen wird: »And don't forget: Africa is a Continent of Culture!«

Einmal im Jahr finden in jedem gambianischen Dorf Initiationszeremonien für junge Mädchen statt. An diesem Tag werden die jungen Frauen auf die Ehe vorbereitet und in die Welt der erwachsenen Frauen eingeführt.

EINE FRAUENSACHE

Brikama, Bulok, Sibanor, Bwiam, Bondali, Jola, Kalagi. Immer entlang der senegalesischen Grenze. Eine Strecke von 100 Kilometern kostet uns einen halben Tag. Manchmal machen wir kleine Pausen. In wenigen Sekunden ist unser Auto von mindestens zehn Kindern umzingelt. Sie verkaufen Erdnüsse oder rufen leise »Tubab, Tubab« (»Weiße, Weiße«). Und weil uns so sehr nach einer kalten Coca Cola dürstet, verlassen wir das Auto. Die Kinder nutzen die Gelegenheit, unsere Hände zu nehmen und uns zum nächsten Getränkeverkauf zu führen. Es fühlt sich gut an, in der Fremde unentwegt behütet zu sein. Dann geht es weiter. Völlig ahnungslos

darüber, wo wir gerade sind, es muss direkt an der senegalesischen Grenze sein, erscheint ein kleines Hüttendorf vor uns. Wir treffen auf ein Bild von Afrika, das seit Jahrhunderten existiert: Runde Lehmhütten mit Strohdächern, offene Feuerstellen, auf denen in riesigen Töpfen Reis gekocht wird, kreischende Kinder, Frauen, die Maismehl stampfen, während ihre Babies an ihren Rücken baumeln, Männer, die im Kreis sitzen und *Hataja* trinken.

Ein lebhaftes Getümmel im Innenhof sagt uns, dass wir hier richtig sind. Wir dürfen an einem Workshop teilnehmen, der in Anbindung an eine traditionelle Zeremonie stattfinden soll.

Binta Sidebe, die vor vielen Jahren damit begonnen hat, sich für die Sorgen und Nöte der Frauen stark zu machen, hat uns dazu eingeladen. Neben ihrer Tätigkeit an verschiedenen Schulen, die sie eingerichtet hat, um Frauen in Berufen auszubilden, führt sie Workshops in ländlichen Gegenden durch. Ihre Themen sind Familienplanung, Aids, Scheidungsrecht und die weibliche Beschneidung. Wir werden von den Workshop-Leiterinnen und den dorfältesten Frauen empfangen und in ein riesiges Zelt geführt, das aus getrockneten Palmblättern eigens für diesen Anlass geflochten wurde. Aufgereiht wie Puppen sitzen die jungen Mädchen im Alter von dreizehn bis siebzehn Jahren auf dem sandigen Boden. Mit einer höflichen Geste verbeugen sie sich vor uns.

»Kanyalang-Frauen sind stolz und stark«, so sagen die Menschen in Gambia. »Sie besitzen magische Kräfte und haben Macht über die Fruchtbarkeit der Frauen.« Das Wort »Kanyalang« bedeutet soviel wie: veralbern, verunsichern, die Kraft des Wortspiels beherrschen, ironisieren.

Neben ihrer Begabung, unfruchtbare Frauen zu verzaubern, besitzen sie den Status eines Narren. Ihre gesellschaftlich legitimierte Außenseiterposition ist streng ritualisiert und funktioniert wie ein soziales Korrektiv. Sie inszenieren große Auftritte, indem sie Zeremonien wirkungsvoll durcheinanderbringen, fingierte Streits anzetteln oder gar die Dorfältesten beschimpfen. Niemand fühlt sich angegriffen, denn unter dem Deckmantel der Ironie und des eingeführten Rollenspiels lässt sich jede noch so unangenehme Wahrheit ertragen. Man lacht über die Frauen, schimpft zurück, nimmt teil am Spiel. Trotzdem kann sich niemand gänzlich dem entziehen, was hier unter Umständen ans Tageslicht kommt, denn ihre Kritik kann vernichtend sein.

Wir verbeugen uns ebenfalls – schließlich gebührt ihnen der Respekt. Es ist ihr Tag, der Tag der Initiation. Die Mädchen werden in die Erwachsenenwelt aufgenommen und auf die Heirat vorbereitet. Mit ernster Anspannung folgen sie den Worten der Alten.

Plötzlich ein Schrei, eine Frau, die sich vor uns auf den Boden wirft und uns beschimpft. Wir verstehen kein Wort und beziehen natürlich sofort alles auf unsere Anwesenheit. Die Workshop-Leiterin lacht über unsere Unsicherheit. Dann klatscht sie vergnügt in die Hände und deutet auf die erregt debattierende Frau. »Eine *Kanyalang* – das ist normal«.

Wir kennen das Wort bereits und wissen, was gemeint ist, denn wir haben vor wenigen Tagen im Dorf Sanyang die *Kanyalang*-Frau Fanta kennengelernt.

Die *Kanyalang*-Frauen, die hier und heute großen Trubel im Palmzelt anrichten, sind wichtige Begleiterinnen der jungen Mädchen. Schließlich ist die weibliche Initiation eine Frauenangelegenheit und die baldige Empfängnis das Thema, um das es geht. Die Vorbereitung der jungen Frauen wird fortgesetzt. Ein Initiationszeremoniell, das in gewohnter Tradition beginnt. Die Mädchen werden von den älteren Frauen der Dorfgemeinschaft auf ihre zukünftigen Aufgaben als Frau, Liebhaberin und Mutter vorbereitet.

Sie nähen und batiken ihre Festgewänder, lernen den veränderten Umgang mit Perlenketten, den *Jelly-Jelly* kennen, die jedem neugeborenen Mädchen um die Hüften gebunden

werden, um ihre Gebärmutter vor bösen Geistern zu schützen. Sie lernen, wie die Perlen, Symbole der Fruchtbarkeit, mit Ölen eingerieben werden, um die Männer durch deren Klang und Duft zu betören.

Jetzt sind die Workshop-Frauen an der Reihe. Ihre Aufgabe ist es, die Frauen aufzuklären. Dem Thema Beschneidung wird viel Aufmerksamkeit gewidmet, besonders von den alten Frauen, die den Worten der Workshop-Leiterinnen mit grimmiger Miene folgen. Danach wird die Pause ausgerufen. Die Mädchen verschwinden in verschiedenen Hütten, und wir nutzen die Gelegenheit, unsere Fragen an die im Hof verbleibenden Frauen zu richten. Sie fangen sofort an, laut und heftig durcheinander zu reden:

»Ich finde es richtig, dass wir Frauen endlich damit aufhören. Es ist kein Vergleich zur männlichen Beschneidung und muss bekämpft werden.«

»Da bin ich anderer Meinung. Die Beschneidung, ob bei jungen Männern oder jungen Frauen, ist eine alte Tradition. Ein kulturelles Erbe, das wir erhalten müssen. Ich erinnere mich noch heute an diesen großen Tag. Ich wusste, dass etwas Besonderes mit mir geschehen war.«

»Das finde ich auch. Wir müssen dafür sorgen, dass die Beschneidung hygienisch ist. Sie darf keine Krankheiten verursachen. Dafür sollte man sich einsetzen. Frauen, die dagegen sind, sind vom Westen beeinflusst. Immer wollen sie versuchen, mit Gewalt unsere Traditionen zu zerstören.«

»Ich habe dafür gesorgt, dass meine Tochter nicht beschnitten wird. Ich könnte nicht ertragen, wenn man ihr wehtut. Das war oft nicht leicht. Täglich musste ich sie mit aufs Feld nehmen, damit nicht irgendeine Frau aus unserem Dorf sie heimlich verschleppt und es doch tut. Jetzt ist sie zu alt und ihr kann nichts mehr passieren. Ein Glück.«

Die Frauen streiten weiter, doch wir werden zum Essen geführt, bis unsere Gastgeberin uns bedeutet, ihr zu folgen. Vorbei an einem ausgetrockneten Flussbett, an dessen Rändern sich einsame Baobab-Bäume angesiedelt haben. Die Trockenheit hat tiefe Äderchen im Boden hinterlassen. Eine graue Mondlandschaft mit Bäumen, deren Äste wie Wurzeln aussehen, die in den Himmel wachsen wollen. Unter einer Gruppe von Mangobäumen, deren Kronen von aufmerksamen Geiern bewohnt werden, leuchten bunte Turbane. Jede der anwesenden Frauen ist in nun ein prachtvolles Festgewand gehüllt. Die untergehende Sonne wirft einen roten Spot auf den Festplatz. Es geht weiter mit Warten. Nachdem alle Anwesenden ihren dem Rang entsprechenden Platz eingenommen haben, sitzen wir eng eingequetscht auf einer Bank neben den Altvorderen. Welche Ehre. Für eine derartige Feierlichkeit sind wir unpassend gekleidet. Das einzige, was uns mit den Frauen verbindet, sind die Schuhe: Flip-Flops, die in allen Farben bunte Muster auf der roten Erde bilden.

Die Geier warten geduldig, unsere Sitznachbarn ebenfalls. Bis sich irgendwann alle Köpfe wie aufgezogen nach links wenden. Die jungen Frauen, die eben noch mit leichten Hüfttüchern und ausgewaschenen T-Shirts den Worten der Autorität lauschten, laufen in einem Prozessionsgang über die Mondlandschaft. Gesenkten Hauptes, das Haar bedeckt mit blauen Batiktüchern, werden sie von zwei ehrfürchtig blickenden Frauen zum Platz geführt, angestrahlt vom Licht der untergehenden Sonne. Sie nehmen Platz, aufgereiht wie noch vor wenigen Stunden im staubigen Zelt. Warten. Dann endlich passiert etwas. Die erste der jungen Frauen stellt sich auf, verlässt ihren Sitzplatz und bewegt ihren Körper in die Mitte des Platzes. Jetzt ist der Zeitpunkt gekommen, die zuvor erlernten Tänze zu präsentieren. Ein lebhafter Wettbewerb beginnt. In den Gesichtern der Tanzenden zeichnet sich die Anspannung ab. Jede möchte die Schönste sein. Die jungen Männer, ebenfalls geschmückt mit Perlen im Haar und Attributen, die auf ihre Männlichkeit deuten, beobachten die jungen Frauen. Auch sie sind nervös. Werden sie eine von ihnen zur Frau wählen müssen?

Die Sonne, die soeben noch wie ein fettes »O« auf der geraden Linie am Horizont lag, hat sich in Sekunden verabschiedet. Wir folgen ihr und verschwinden in der dunklen Nacht. Natürlich – wie gewohnt – begleitet von einer großen Kinderschar.

Als eine Amerikanerin jüngst in einer Aufklärungsmission zum Thema Beschneidung durch verschiedene afrikanische Länder reiste, bekam sie eine Frage gestellt, die sie nachdenklich stimmte: »Warum glaubt ihr weißen Frauen eigentlich, dass ihr das Recht habt, über unsere Sexualität, unsere Rituale und Traditionen, unseren angeblichen Schmerz und die vermeintliche Unterdrückung zu richten? Seid ihr nicht diejenigen, die sich in die kostbarsten Körperteile, die Brüste, schneiden, sie vergrößern oder verkleinern? Und ich frage mich, für wen ihr das tut.«

In einem Tanzwettbewerb präsentieren die jungen Mädchen ihre Kraft und Schönheit. Dabei werden sie von den heiratsfähigen Männern beobachtet. Zu diesem Zeitpunkt wissen sie oft schon, wer ihre Zukünftige sein wird, denn die Eltern haben den Ehevertrag längst abgeschlossen – das geschieht gewöhnlich direkt nach der Geburt ihrer Kinder.

Israel, Ein Harod

Es dauert Stunden, es ist stickig, es ist voll und viel zu eng. Alle Sprachen dieser Welt prallen gegen die hellen Betonwände. Ben Gurion – der Flughafen in Tel Aviv.

Trotz fünfzehn geöffneter Passkontrollhäuschen gibt es immer wieder Minuten der Stagnation. »Aber, das ist noch gar nichts im Vergleich zur Ausreise«, klagt eine etwas blass aussehende Amerikanerin in Schlange Nr. 13. Ihr Kunsthaar gibt Aufschluss über ihre religiöse Gesinnung. Sie ist eine orthodoxe Jüdin. Zahlreiche Männer, Frauen und Kinder vielfältiger Nationalitäten schieben ihre Körper ungeduldig durch die Warteschleifen. Wichtige Fragen müssen wir vor dem Fenster an Häuschen Nr. 12 beantworten. Dann: Fax rausholen ... Einladung aus Ein Harod vorlegen. Geschafft, weiter zur Autovermietung. Unzählige Fragen sind zu beantworten. Darunter: Wohin geht Ihre Reise? Sind sie im Besitz einer Karte, die die palästinensischen Gebiete kennzeichnet? Wir lassen uns die gelb gefärbten Flecken auf der Landkarte genauer zeigen und stellen fest, dass wir uns immer nah daran entlanghangeln müssen.

Jetzt geht die Reise in den Norden nach Ein Harod zu Tamara Silber, Galia Bar Or, Lihi Bar Or und Maya Bar Or. Hoffentlich werden wir uns nicht verfahren. Aber diese Sorge erweist sich als unbegründet. Die latente Präsenz des Militärs und der Grenzposten lässt einen leichtsinnigen Fehler nicht zu.

Eine seltsame Autofahrt. Nach etwa fünf Stunden erreichen wir den Kibbuz und wiegen uns sofort in Sicherheit, als wären wir in Watte gepackt. Aber auch das ist eine Illusion.

Theodor Herzl (1860–1904) war der Begründer des politischen Zionismus. In seinem im Jahre 1896 in Wien veröffentlichten Manifest »Der Judenstaat, Versuch einer modernen Lösung der Judenfrage« stellte er erstmals die Forderung nach einem souveränen jüdischen Staat.

Obgleich seine Verhandlungen über die Gründung eines solchen Staates mit mehreren europäischen Herrschern scheiterten, lösten seine Gedanken verschiedene Einwanderungswellen vieler in der Diaspora lebender Juden nach Palästina aus.

Die Kibbuzbewegung spielte beim Aufbau und der Neugründung des Staates Israel eine führende Rolle.

Der Kibbuz Ein Harod – eine gelebte Utopie

Israel ist unser zweites gemeinsames Reiseziel. Der Kibbuz Ein Harod ist ein kleiner Ort im Nordosten des Landes, unweit des Sees Genezareth. Die Informationen, den Kibbuz betreffend, sind vage. Ein kleines Dorf, oder besser gesagt die Miniatur eines Dorfes, gebettet in ein Tal,

ohne Autos, ohne Industrielärm, ohne all die gewohnten Dinge, die in unserem urbanen Leben als selbstverständlich gelten. Die meisten Gebäude sind gleich groß, genaugenommen klein, denn Überschuss und Luxus gehören nicht zu den Idealen der Gemeinschaft.

Die Häuser sind in der Regel eingeschossig – Küche und Wohnraum gehen ineinander über, ein kleines Bad, zwei Schlafräume – einer für die Eltern, einer für die Kinder. Damit sind die elementaren Bedürfnisse abgedeckt, schließlich stehen nicht die privaten Wünsche im Vordergrund, sondern die der Gemeinschaft. Und diese ist freiwillig gewählt. Niemand wird dazu gezwungen, ein Leben im Kibbuz zu führen, die Entscheidung kann jeder für sich treffen. Ein Harod gehört zu den ältesten Kibbuzen im Land. Zunächst waren es Flüchtlinge aus Russland, später dann aus Deutschland – Opfer des sich ausbreitenden Antisemitismus, die sich hier niederließen. Die ersten Pioniere kamen in den frühen 1920er Jahren nach Ein Harod. Es waren vornehmlich Künstler und Intellektuelle, die nach neuen Lebensformen suchten, oft

Anhänger des Zionismus, denn ihr aufgeklärter Geist konnte keinen religiösen Fanatismus dulden, zumal sich die hier vereinten Menschen tendenziell eher dem Land, in dem sie einst aufgewachsen waren, verbunden fühlten, als ihrer Religion. Später erfuhren wir von Tamara:

»Nachdem wir unser traditionelles *Channukka*-Fest beendet hatten, stellten wir einen Weihnachtsbaum auf und beschenkten uns wie unsere christlichen Freunde. Wir haben in Deutschland gelebt wie die Deutschen, wir sprechen ihre Sprache und haben dieselbe Kultur. Religiosität war in meiner Familie immer etwas Privates.«

So verpflichteten sich die ersten Siedler dem Ideal, eine Utopie Wirklichkeit werden zu lassen. Ein Leben in Gleichheit und Gerechtigkeit zu praktizieren, Regeln zu haben ohne dogmatisch zu sein, die privaten Bedürfnisse denen der Gemeinschaft zu unterstellen. Dass sich hinter den hehren Zielen auch Fallen und Schwierigkeiten verbergen sollten, haben sie geahnt, dennoch war der Wille, die eigene Vision zu leben, groß genug, um sich den anfänglichen Schwierigkeiten zu stellen und, rückblickend betrachtet, den Wahnsinn auf sich zu nehmen. Denn die Landschaft, in die sich heute das pittoreske Dörfchen einschmiegt, war nicht immer das, was sie zu sein scheint.

»Es war ein Alptraum, dieses Land. Ein reines Sumpfgebiet mit hoher Malaria-Gefahr, einem für uns völlig unvertrauten Klima, ein einziges Chaos«, erinnert sich heute Tamara.

Die Gründe der Menschen, die wahrlich andere Verhältnisse gewohnt waren, sich ausgerechnet diesem Stück Land hinzugeben, das sie zuvor rechtmäßig von einem arabischen Großgrundbesitzer erworben hatten, waren verschieden. Zum einen kamen viele Flüchtlinge zunächst nach Haifa, einer Hafenstadt im Nordwesten des heutigen Israel, es machte also Sinn, im Norden zu bleiben. Andererseits konnte der nahegelegene See für die Süßwasserversorgung genutzt werden und man nahm an, dass der Boden fruchtbar sei. Ahnung von Agrarwirtschaft hatte sowieso niemand, und die Naivität, mit der alles begann, war vielleicht die beste Voraussetzung dafür, den Kampf mit der Natur aufzunehmen. Aber nicht nur die Naturgewalten stellten eine Gefahr dar, es gab noch andere Feinde, denen man ins Auge blicken musste: Angriffe von arabischen Siedlern aus der näheren Umgebung, oft Nomadenvölker, die den jüdischen Idealisten nächtliche Besuche abstatteten.

»Wir schliefen in Zelten und mussten abwechselnd zur Nachtwache. Zitternd stand ich da, mit der Schrotflinte über dem Arm. Ich glaube, ich hatte noch nie so viel Angst in meinem Leben, aber ich gewöhnte mir an, es niemandem zu zeigen. Schließlich war die Gleichheit unter den

Geschlechtern auch eines unserer Ideale, und da konnte ich mir als Frau keine Blöße geben. Glücklicherweise gab es nie Zwischenfälle, während ich den Wachposten besetzte«, kommentiert Tamara.

Heute ist der Kibbuz die kleine Oase der scheinbar heilen Welt, wäre da nicht hin und wieder der bedrohliche Lärm tief fliegender Militärflugzeuge, der unaufhaltsam daran erinnert, in welchem Land man sich gerade aufhält.

TAMARA SILBER – WIE ICH LERNTE, CHUZPE ZU HABEN

Eigentlich könnte man der heute 87-jährigen Frau ein eigenes Buch widmen. Ihre Biografie steht nicht nur exemplarisch für das Leben unzähliger jüdischer Frauen, denen es noch recht-zeitig gelungen ist, dem Holocaust zu entkommen, sie wurde außerdem mehrfach Zeugin einschneidender weltpolitischer Ereignisse, die das letzte Jahrhundert prägten und dement-sprechend ihren gesamten Lebensweg schicksalhaft begleiteten.

Geboren als Tamara Rabin, verbrachte die Enkeltochter eines russischen Rabbiners, dem sie ihren Mädchennamen verdankt, ihre Kinderjahre in St. Petersburg. Die religiöse Vergangen-heit der Familie sollte in der Erziehung des jungen Mädchens keine große Rolle mehr spielen, denn im beginnenden 20. Jahrhundert zogen die wohlhabenden Eltern es vor, aus ihrer Toch-ter eine Weltbürgerin zu machen. Im elterlichen Hause wurde neben Russisch auch Deutsch gesprochen, das französische Kindermädchen sollte alles weitere übernehmen. Eine Tochter aus gutem Hause, würde man heute sagen.

Mit vierzehn Jahren musste sie zum ersten Mal erkennen, dass ihre jüdische Herkunft mehr bedeutet als ein Leben in der Diaspora, das ihr als solches sowieso fremd war, denn außer dem

Zelebrieren der jüdischen Feste und des all-freitäglichen Abendessens zum *Sabbat* war in ihrer kindlichen Wahrnehmung die religiöse Zugehörigkeit nicht anders zu werten als die ihrer christlichen Nachbarn.

Doch mit dem Einzug des Kommunismus in Russland war auch der Antisemitismus nicht mehr zu stoppen. Tamara flüchtete mit ihrer Mutter und ihrem Bruder zu Verwandten nach Berlin.

Der Vater sollte später kommen, so wurde es ihr versprochen. Sie hat ihn nie mehr gesehen.

Es war die Zeit der Weimarer Republik, und für die junge Frau begann ein neues Leben. Auch wenn sie den Verlust des Vaters nicht verwunden hatte, so musste sie dennoch lernen, sich an ihr neues Zuhause zu gewöhnen. Die allgemeine Aufregung im Land gefiel ihr und forderte sie heraus, noch besser Deutsch zu lernen, denn sie hatte sich vorgenommen, nach dem Abitur Journalismus zu studieren. Ihr Traum wurde wahr, und im Jahr 1931 fand sie sich als ambitionierte Studentin an der Humboldt-Universität wieder.

»Ich glaube, meine Mutter war sehr stolz auf mich. Ich hatte mich schnell in meiner neuen Umgebung assimiliert, außerdem schien sich ihre Strategie als erfolgreich zu erweisen. Sie redete mir nämlich immerzu ein, dass ich nicht besonders hübsch sei, damit ich mich mehr um meinen Intellekt kümmerte als um die jungen Männer. Noch immer trage ich diesen Komplex mit mir herum.«

Dabei schmunzelt Tamara leicht verlegen. Sie spricht ein Deutsch, das die Zeit der Weimarer Republik wieder zum Leben erweckt. Im Jahr 1931 entdeckt die junge Frau, dass sich Intellekt

mit Lebensfreude verbinden lässt. Sie ist fasziniert von der Mode ihrer Zeit, trägt einen progressiven Pagenkopf, fängt mit dem Rauchen an, liebt den Besuch in Tanzlokalen ebenso wie den in Kunstausstellungen, lebt das Leben einer aufgeklärten, selbstbewussten Frau.

Doch ein zweites Mal sollte ihre jüdische Herkunft ihr zum Verhängnis werden. Jetzt verstand sie mehr.

»Es war das Jahr 1933 und ich ahnte Böses. Dann ging alles sehr schnell. Ich reiste nach Triest, mit einem Koffer unter dem Arm, nahm ein Schiff und landete Tage später in Haifa. Dort kam ich für Tage oder vielleicht auch Wochen in Quarantäne, ich hatte jegliches Gefühl für Zeit verloren. Zusammen mit jüdischen Einwanderern aus der ganzen Welt, besonders natürlich mit deutschen Juden, wartete ich auf meine Papiere. Ich war alleine, hatte alles verloren, die Unterkunft war unmenschlich und die Nachrichten, die uns aus Deutschland erreichten, unerträglich.«

Sie hatte ihre schwache Mutter in Deutschland zurücklassen müssen. Ihr Bruder war bereits in Haifa. Was ihrer Mutter widerfahren ist, lässt sich erahnen. Darüber spricht Tamara nicht.

An diesem Punkt des Gesprächs klopft es an der Tür und sie scheint erleichtert zu sein, die Erlebnisse der Vergangenheit nicht weiter ausbreiten zu müssen.

Eine Nachbarin steht im Türrahmen und bringt Gebäck. Es ist *Purim*, und man beschenkt sich mit Keksen, die die *Ohren des Haman* symbolisieren. Wenig später sitzen wir wieder zu dritt im kleinen Wohnraum. Stille.

Nicht diese angespannte, verhaltene Stille, die oft das Ergebnis einer peinlichen Situation ist, und den verlegenen Blick auf die Fingernägel zur Folge hat, sondern eine Situation, die einen kurzen Moment der Ruhe erfordert. Wir waren auf derartige Momente vorbereitet.

Eine Reise nach Israel impliziert zwangsläufig die Konfrontation mit geschichtlichen Ereignissen, die sich nicht mit harmloser Konversation übergehen lassen, besonders dann, wenn es die eigene, die deutsche Geschichte betrifft. Bislang war es Tamara gelungen, die schmerz-

lichen Fakten ihres Lebens recht nüchtern zu erzählen. Als berichte sie von einem anderen Leben, mit einem distanzierten Blick auf sich selbst, der wohl eine Notwendigkeit darstellt, um mit derartigen Erfahrungen weiterleben zu können. Wir versuchen, das Gespräch wieder aufzunehmen, der Chronologie zu folgen.

Doch dann passiert etwas Unerwartetes. Sie verweigert die Antwort: »Wisst ihr, mir behagt die Einseitigkeit dieses Gesprächs nicht besonders. Ich habe mich selber nie so wichtig genommen. Das Leben besteht doch aus dem Dialog, dem wechselseitigen Austausch mit anderen Menschen. Ich würde jetzt gerne etwas über euch erfahren. Ich habe für heute genug erzählt.«

Pause. Für einen kurzen Augenblick können wir unsere Verwirrung nicht verbergen.

Es ist kein Versuch von Ablenkung oder der Wunsch, dem Gespräch ein Ende zu setzen, sondern ehrliches Interesse. Jetzt sind wir an der Reihe, und in aller Offenheit legen wir unsere bisherigen Leben auf den Tisch.

Am nächsten Tag gehen wir spazieren. Wir fahren auf einen nahegelegenen Berg und machen uns auf die Suche nach den berühmten Tulpenfeldern, einem Lieblingsort von Tamara, den sie früher besonders gerne mit ihrem Mann aufsuchte, um dort ein sonntägliches Picknick zu veranstalten. Und es ist Frühling, wir können also hoffen. Doch wir suchen vergebens. Vielleicht ist die Erinnerung zu verklärt, vielleicht ist sie aber auch zu sehr mit einem Teil der Vergangenheit verbunden, der unberührt bleiben soll, und wir werden unabsichtlich auf eine falsche Fährte geführt. Die Tulpenfelder sollen uns verborgen bleiben.

Doch der Spaziergang ist wunderbar, die Sicht von hier oben eröffnet den Blick auf den Kibbuz, ein weiteres Kapitel in Tamaras Geschichte, auf das sie stolz zurückblicken kann, klar und entfernt aus dieser erhöhten Perspektive, ohne Eitelkeit und falsche Sentimentalität.

Wir nehmen den Faden vom Vortag wieder auf und gehen zurück ins Jahr 1933. Tamara kommt nach Ein Harod. Nicht etwa, dass dieser Ort damals schon den Namen trug, es war eben jene Gegend, dieses unsägliche Sumpfgebiet, das ihr neues Zuhause sein sollte.

Damit kein falscher Eindruck entsteht: Tamara war damals nicht in der Position, frei zu wählen, wie etwa viele junge Menschen es heute tun. Dieser kleine Landstrich war alles,

Der Blick in Richtung Tabgha, auch Ort der sieben Quellen genannt. An diesem Ort soll laut Überlieferung die wunderbare Brotvermehrung durch Jesus stattgefunden haben. Im Presbyterium der im 4. Jh. erbauten Brotvermehrungskirche erhebt sich der Altar über jenem Stein, auf dem Jesus bei der Brotvermehrung gestanden haben soll. Davor befindet sich ein Mosaik, das den Korb mit Broten und zwei Fischen darstellt.

was ihr blieb, bestimmt nicht das ersehnte gelobte Land. Dennoch fand sie hier zumindest Menschen, die ein ähnliches Schicksal erlitten hatten, die ihre Sprache sprachen, ihre Kultur teilten. Sie war eine junge Frau, gerade Anfang zwanzig und fand hier einige Verbündete, mit denen sie eine gemeinsame Zukunft sah.

»Wir hatten diesen Pioniergeist, was blieb uns anderes übrig, als an eine gemeinsame Vision zu glauben. Die Erfahrungen der Vergangenheit, dazu unsere angeeignete Bildung, einhergehend mit dem Glauben an Gleichheit, erwachsen aus der Position einer Minderheit, ließen uns diese Utopie möglich machen. Es war ein Stück harte Arbeit.«

Jahre später erst war das Werk vollbracht. Zuerst entstand eine kleine Siedlung auf der anderen Seite des Berges, später siedelte man noch einmal um. Einige Wohnhäuser wurden gebaut, ebenso ein großer Saal zum Essen und fürs gemeinschaftliche Leben, dazu die nötige Infrastruktur, sowie eine Schule, ein Kindergarten, der die Kinder bereits im Säuglingsalter versorgen sollte, damit die Erwachsenen auf die Felder gehen konnten. Alles wurde gut organisiert, Notwendigkeiten mit persönlichen Interessensgebieten verbunden.

Tamara hatte vorsichtig wieder etwas festen Boden unter den Füßen gefunden. Sie verrichtete alle notwendigen Arbeiten, die anfielen, putzte den Fußboden, übernahm Küchendienste, ging aufs Feld. Ob sie glücklich war, fragte sie sich zu diesem Zeitpunkt nicht. Sie lebte, und das war das einzige, was zählte.

Wenig später sollte das Schicksal erneut zuschlagen, dieses Mal jedoch in freudiger Hinsicht. Sie lernte Herrn Silber kennen, einen gebürtigen Düsseldorfer, der sie nach langer Zeit das Lachen wieder lehren konnte. Sie heirateten, und Tamara wurde Mutter von drei Kindern. Längere Aufenthalte in Paris sollten Abwechslung in ihren Alltag bringen. Endlich gab es wieder Möglichkeiten, die alten Leidenschaften für Mode und ein *savoir vivre* erneut aufblitzen zu lassen. Davon sollte der Kibbuz profitieren. »Ich eröffnete eine Art Kosmetiksalon im Kibbuz. Warum sollten Gedanken an Schönheit und Mode sich nicht mit unseren Idealen verbinden lassen. Natürlich wurde ich von einigen Bewohnern argwöhnisch betrachtet, aber ich setzte mich durch. Ich gewöhnte mir an, *Chuzpe* zu haben, Dinge zu behaupten und durchzusetzen, ob ich von ihnen Ahnung hatte oder nicht. Es war mir eben wichtig. Außerdem hatte der ganze Spaß einen erstaunlichen Nebeneffekt. Ich wurde so etwas wie die geheime Psychologin. Alle, die meinen Salon aufsuchten, vertrauten mir ihre Geheimnisse an. Und da ich mich damals sowieso mit den Gedanken Freuds beschäftigte, konnte ich beides miteinander verbinden. Ich hatte meine Aufgabe gefunden.«

Mittlerweile ist die Abenddämmerung hereingebrochen. Wir fahren zurück ins Dorf, beschwingt und leicht, nach einem wunderschönen Spaziergang – ohne Tulpen, dafür aber voller unzähliger knallroter Anemonen, die in dieser Gegend im übrigen unter Naturschutz stehen. Wen wundert's. Denn alles, was hier grünt und blüht, ist unter großem Aufwand vorsichtig ausgesät und gezüchtet worden.

Die Tage vergehen. Wir verbringen viel Zeit mit Tamara, nehmen an ihrem Alltag teil und lernen so die vielfältigen Facetten dieser Frau kennen. In groben Zügen haben wir ihr Leben aufgezeichnet. Die vielen Schmerzen, die es ihr bereitete, lässt sie im Verborgenen.

Tamaras liebstes Spiel ist es, im Internet zu surfen oder E-Mails zu versenden.

»Ich konnte nur überleben, indem ich versuchte, die grausamen Momente zu verdrängen. Dabei half mir natürlich mein wunderbarer Mann, der leider vor wenigen Jahren starb. Aber ganz besonders wichtig waren für mich immer Musik und Literatur, die in unzähligen Momenten mein Leben begleiten. Ich bin ein melancholischer Mensch, daher habe ich eine besondere Affinität zu den Büchern von Franz Kafka entwickelt. Aber auch Mozart gefällt mir gut. Es ist diese wunderbare Kombination von Schwermut und Fröhlichkeit, die einander abwechseln und meinen Zustand oft besser nicht hätten beschreiben können.«

Tamara zündet sich genüsslich eine Zigarette zum Kaffee an. Das Rauchen steht ihr gut. Es scheint, als lebe sie immer noch das Leben einer Bohemienne. Ihre lackierten Fingernägel, die schlichte elegante Kleidung, die elegant hochgesteckten Haare, der fein ausgewählte Schmuck, dazu der scharfe Verstand.

Was beschäftigt diese Frau heute, die, wie man sieht, immer noch dazu geneigt ist, sinnliche Freuden mit Intellekt zu verbinden? Weiterhin *Chuzpe* haben! Tamara ist trotz ihres hohen Alters noch berufstätig als Leiterin der Kibbuz-Bibliothek. Und diese ist durchaus wohlsortiert und nicht mit einer niedlichen Dorf-Bücherei zu vergleichen. Tamara verwaltet hebräische, englische, deutsche, französische und russische Bücher. Und neben Belletristik sortiert sie einige wichtige internationale Werke, dazu Naturwissenschaften, Philosophie und vieles mehr.

»Ich habe mein Leben lang gelesen. Bücher waren oft meine Rettung. Dazu kam, dass meine beste Freundin eine promovierte Henry-James-Spezialistin war und sich immer mit mir austauschen wollte. Ich hatte also keine andere Wahl, als ihre Empfehlungen zu lesen.

Wir hatten kleine intellektuelle Salons. Es war wunderbar. Deshalb lege ich großen Wert darauf, die Bücher im Original zu behalten, obgleich meine jüngeren Kollegen diese immer gerne ausmisten wollen. Aber solange ich lebe, werde ich dafür sorgen, dass das nicht passiert.«

Die Bücher katalogisiert sie im übrigen seit neuestem im Computer. Und wenn ihr langweilig wird, dann schickt sie E-Mails raus. Ihre neue Lieblingsbeschäftigung. In den letzten Tagen haben wir gelernt, was es heißt, *Chuzpe* zu haben.

Tamaras Haus mit Garten, in dem sie den Callas, ihren Lieblingsblumen, ganz besondere Aufmerksamkeit schenkt.

In Tamaras Küche steht ein Tisch, der nahezu täglich zum Treffpunkt einer Familienangelegenheit wird. Hier werden kleine und große Sorgen verhandelt.

Das Museum Mishkan Le Omanut, 1948 von Samuel Bikels entworfen, wird seit 1985 von Galia geleitet.

Kunst im Leben – Leben in Kunst

Galia ist Tamaras zweite Tochter. Aufgewachsen im Kibbuz Ein Harod, lebt Galia noch heute in der ländlichen Gegend, obgleich ihre Ausbildung, ihre Interessen und ihr Beruf sie in eine europäische Metropole hätten verschlagen können. Und wenn nicht gleich London oder Paris, so doch Tel Aviv, eine Stadt, die sich unlängst durch unterschiedliche kulturelle Ereignisse einen Namen gemacht hat. Galia hat ihren Wohnort ebenfalls frei gewählt und ist sich täglich aufs neue gewiss, dass diese Wahl die richtige ist.

»Ich habe in Tel Aviv und Haifa Kunst und Philosophie studiert. Jetzt leite ich das Museum hier im Kibbuz, und ich könnte mir keinen anderen Ort auf der Welt vorstellen, an dem ich meinen Beruf besser ausüben könnte.«

Das Museum war eine der ersten Einrichtungen, die es im ländlich ausgerichteten Kollektiv gab. Wohin auch mit all dem Wissen um Kunst und Kultur und dem kreativen Geist, der weiterhin in vielen der mit am Aufbau Beteiligten lebte?

Mit einer kleinen Holzhütte fing alles an. Es war das erste dörfliche Museum im Land und ist heute unter dem Namen »Mishkan Le Omanut« eines der wichtigsten Kunsthäuser in Israel. Und an dieser Tatsache ist Galia nicht ganz unschuldig. Seit 1979 arbeitet sie in dem dezenten weißen Gebäude, das im Jahr 1948 von Samuel Bikels entworfen wurde. Seit 1985 ist Galia Leiterin des Museums und hat dem Örtchen Ein Harod nicht nur nationale, sondern auch internationale Anerkennung verschafft.

»Ich gestehe, es war am Anfang schon ein hartes Stück Arbeit, denn ich erweiterte die Idee dieses Museums. Ich wollte zwar dem Ursprungsgedanken noch gerecht werden, nämlich vergessene jüdische Künstler der Diaspora ausfindig zu machen und diese hier auszustellen, gleichzeitig aber auch modernen, jungen Künstlern die Möglichkeit gewähren, diese Räume zu nutzen.«

Das bedeutete, mehr Arbeitskräfte zu organisieren, neue Schwerpunkte herauszuarbeiten und besonders die Finanzierung zu gewährleisten, denn die Gelder im Kibbuz sind rar. Mittlerweile wird das Museum von der Regierung subventioniert, und renommierte Künstler der ganzen Welt gehen hier ein und aus.

»Skeptisch waren sie schon, die Leute hier, denn die Besuche mehrten sich, immer mehr fremde Leute machten sich auf die Reise hierher. Als ich im Jahr 1985 eine Biennale der Fotografie organisierte, war halb Israel zu Gast in Ein Harod.«

Es scheint ihr immer wieder zu gelingen, Kunst mit ideologischen Fragen zu verbinden, die Geschichte des Landes neu zu beleben und interdisziplinär zu arbeiten – eine Folge der längeren Beschäftigung mit postmoderner Theorie und Praxis. *Anything goes* bedeutet für Galia, die heiligen Hallen zu öffnen, daraus einen Ort entstehen zu lassen, der jegliche Form des sozialen Alltags mit einbezieht.

Die Räume sind eben groß genug, um neben der Präsentation von Kunstgegenständen auch Parties zu veranstalten, Theater und Performances zu zeigen, Schulklassen und Kindergärten Kurse anzubieten, Symposien zu organisieren und vieles mehr.

Im Jahre 1948 begann man mit der Errichtung des Museumsgebäudes. Der Architekt Samuel Bikels entwarf die Pläne für diesen Bau, der mustergültig den mittelmeerländischen Lichtverhältnissen Israels angepasst ist. Das weiträumige Haus mit seinen vierzehn Ausstellungssälen, seinen Innenhöfen für Skulpturen, der Bibliothek, der Werkstätte und den Depots der Sammlung ist anmutig auf einer Anhöhe im Tale Jesree. gelegen, gegenüber dem Gilboa-Gebirge.

Die Hauptaufgabe des Museums ist das Sammeln von Werken neuzeitlicher jüdischer Künstler der Diaspora. Daneben wünscht es eine repräsentative Sammlung israelischer Kunst zusammenzustellen, unter besonderer Betonung des Schaffens junger Künstler der Kibbuzbewegung. Ferner enthält das Museum eine ethnologische Abteilung mit Objekten jüdischer Volkskunst aus den verschiedenen Herkunftsländern. Die Sammlungen umfassen 1000 Gemälde, 8000 Blätter in der grafischen Abteilung, 300 Skulpturen sowie über 1000 Objekte jüdischer Volkskunst. Diese Kunstschätze stammen aus dreißig verschiedenen Ländern, einer »Sammlung der Zerstreuten« auf dem Gebiete der Kunst.

Zusia Efron, Kurator, 1970

»Das Museum ist keine weiße Box. Die Menschen der hiesigen Gemeinschaft sollen dem Ort vertrauen und ihn für ihre Anliegen nutzbar machen. Man soll einfach keine Angst davor haben, lokal tätig zu sein. Wenn du das Spezifische rauspickst, kann es nach überall hin übersetzt werden. Kunst benötigt einen Kontext.«

Und darauf baut Galia ihren kleinen Mikrokosmos auf. Sie tauscht sich mit ähnlich strukturierten Museen in Brasilien, Japan und Deutschland aus, denn Austausch und Kommunikation sind Galias größtes Anliegen. Und wenn die vielbeschäftigte Frau nicht gerade in Sachen lebendiger Kunst unterwegs ist oder theoretische Texte für namhafte Kunstbücher schreibt, dann ist sie auch noch eine Mitbewohnerin im Kibbuz mit allen dazugehörigen Pflichten.

Das bedeutet, einmal in der Woche im Altersheim auszuhelfen, Sitzungen zu organisieren und das ideologische Konzept eines Kibbuz zu modifizieren, denn anachronistisches Gedankengut kann sie nicht ausstehen.

»Wir müssen aufpassen, dass unsere Ideale nicht überholt sind, sonst wird das Ganze hier zum Altenheim und die jungen Leute verlassen uns womöglich. Ich glaube fest an diese Lebensform, denn besonders als Frau und Mutter habe ich die Vorteile zu schätzen gelernt. Welche Mutter kann sich heutzutage schon leisten, ihren beruflichen Träumen nachzugehen und dabei zu wissen, dass die Kinder gut aufgehoben sind.«

Und das sind sie. Es ist *Purim* und die dreizehnjährige Maya kommt morgens um sechs Uhr von einem Fest nach Hause. Es fällt ihr zwar nicht leicht, nach einer solchen Nacht ihren Dienst im Kindergarten anzutreten, doch da gibt es keine Gnade. Jedes der hier lebenden Kinder hat schon sehr früh seine Pflichten, aber wie die lange Nacht bestätigt, auch seine Freuden.

Maya und ihre Freundinnen, die sich täglich im Speisesaal des Kibbuz treffen.

Drei Jahre sind vergangen, seit wir Maya kennenlernten. Maya hat gerade mit dem, was man bei uns Abitur nennt, ihre Schule abgeschlossen.

Jetzt steht sie vor der Grundausbildung beim Militärdienst. Obgleich Maya weiß, dass sich die politische Situation sehr verändert hat und ihre Arbeit jetzt deutlich anders aussehen wird als die ihrer Schwester vor drei Jahren, stellt sie ihre Bereitschaft keine Sekunde in Frage. Nicht einmal die Unwissenheit darüber, in welches Gebiet sie entsendet wird, bereitet ihr Unbehagen.

Galia hat ihr ganzes Leben im Kibbuz verbracht und deshalb noch von einem anderen Vorzug profitiert, den sie mehr und mehr zu schätzen weiß. Sie hat eine tiefe Beziehung zu ihrer Mutter entwickelt, denn jede der beiden Frauen lebt ihr eigenes Leben, und dennoch teilen sie einen gemeinsamen Lebensentwurf, sind füreinander da, ohne dass ein zwanghaftes Verhalten daraus resultiert.

»Ich lerne jeden Tag etwas Neues von meiner Mutter. Ich glaube, sie weiß alles und ist die größte Philosophin, die ich kenne.« Einige Tage später treffen wir Lihi, Galias älteste Tochter, die ähnliche Wörter benutzt, um ihre Großmutter zu beschreiben.

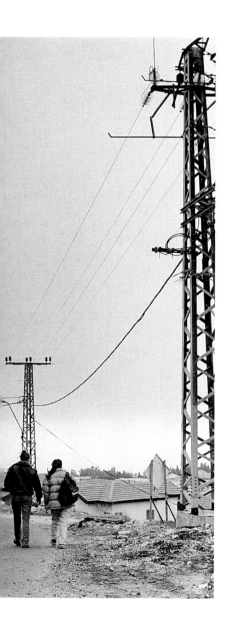

Lihi

Es ist Samstagnachmittag, und unser Weg führt uns nach Zafet, einer kleinen alten Stadt im Norden Israels – wie wir erfahren, die Wiege der *Kabbala*, dem Ursprung jüdischer Mystik.

Wie eine Gelehrte versteht es Tamara, uns einige entscheidende Dinge über die *Kabbala* mitzuteilen, versüßt uns die Autofahrt mit Geschichten und Gleichnissen aus dem Alten Testament und erklärt uns mit spielerischer Leichtigkeit die außerordentlich komplexen Zusammenhänge jüdischer Zahlenmystik und Philosophie.

Aber da wir nun einmal keine Touristen sind, die sich auf dem Weg zu pittoresken Schönheiten des Landes befinden, führt unser Weg nicht in die Altstadt von Zafet, sondern an die Stadtgrenzen, vor die Tore eines riesigen militärischen Stützpunktes. Wir halten und warten, bis Galias Handy klingelt. Ein kurzer Dialog auf Hebräisch folgt, der uns erahnen lässt, dass wir uns an einen bestimmten Ort begeben sollen, um dort Lihi in Empfang zu nehmen.

»Versteckt die Kamera, das sehen die hier nicht gerne«, sind Galias warnende Worte. Die riesigen Piktogramme mit der durchgestrichenen Kamera an

der meterhohen Betonwand sind unübersehbar. Wir halten uns an die Regel, fahren langsam vor eines der Tore und erkennen ein zartes blondes Mädchen, das auf uns zukommt. Warmherzige Begrüßungen in kaltem Umfeld, zumindest für uns, denn wir sind mit einer derartigen Militärpräsenz nicht vertraut. Lihi steigt ins Auto und lächelt uns mit vorsichtiger Zurückhaltung an. Die olivgrüne Uniform passt so perfekt zu den Augen, dass man auf den ersten Blick denken könnte, die Farbe sei bewusst gewählt, zumal auch in Israel der *Military Look* zur Mode der letzten Jahre gehörte. Wäre da nicht das Abzeichen auf dem rechten Oberarm, das die Einheit, der Lihi zugehört, kennzeichnet: Das Hirschgeweih steht für das bewaldete Gebiet im Norden, die Lilie symbolisiert die Abteilung »Intelligence«.

Lihi ist mit ihren 21 Jahren Offizier und Geheimnisträgerin. Die kleinste Auskunft über ihre Tätigkeit könnte sie in große Schwierigkeiten bringen. Sie darf sich eigentlich nicht einmal fotografieren lassen. Doch sie setzt sich mutig darüber hinweg. »Wenn die Fotos veröffentlicht werden, bin ich sowieso hier entlassen. Meine Grundausbildung ist in wenigen Monaten abgeschlossen. Das wird schon gutgehen.«

Vage erfahren wir etwas über ihren Arbeitsbereich. Sie ist in einer Forschungsgruppe tätig und kennt die soziale Struktur, die Infrastruktur, ja jeden Stein der an Israel angrenzenden Länder. Mehr darf und möchte sie nicht sagen. Ihre Augen sehen müde aus. »Ich habe die ganze Nacht am Computer gesessen. Das passiert mir oft, weil ich die Zeit total vergesse.

Meine Arbeit ist so spannend, dass ich oft den Absprung vom Schreibtisch nicht mehr schaffe. Ich lege mich dann zwischendurch für einige Stunden kurz auf das kleine Feldbett, das ich mir ins Büro gestellt habe.«

Wir haben ein nahegelegenes Restaurant erreicht und Lihi sitzt uns gegenüber. Wir schauen in das Gesicht einer jungen Frau, der man die Ernsthaftigkeit des Lebens und die Verantwortung, die sie trägt, deutlich ansieht. Erst nach dem Essen blitzen ihre Augen kindlich verunsichert, während sie sich eine Zigarette anzündet und sich hinter dem Rücken ihrer Mutter versteckt. »Meine Großmutter soll nicht wissen, dass ich rauche.« Galant fängt Tamara den Blick ihrer Enkeltochter auf und schaut kommentarlos in die andere Richtung. Sie weiß sich in derartigen Momenten zu verhalten. Die Zeit vergeht, Familienangelegenheiten werden ausgetauscht. Es ist spät geworden und Lihi muss zurück zu ihrer Einheit. Doch vorher zeigt sie uns noch schnell das Zimmer, das sie bewohnt, denn das befindet sich außerhalb des Militärgeländes.

Es ist ein karg möbliertes Zimmer ohne auch nur einen persönlichen Gegenstand. Halt, eine Gitarre befindet sich in der Küche, die sie benutzt, um sich zu entspannen. Galia schnappt sich das Instrument und will gerade loslegen, doch Lihi drängt.
»Ich muss pünktlich zurück sein.« Wir fahren und setzen die zarte Gestalt vor dem großen Gebäude ab. Zurück nach Ein Harod. Morgen kommt Lihi nach

Hause, dann gibt es mehr Zeit zum Kennenlernen. Wir treffen uns, Lihi trägt Jeans und T-Shirt, doch die Ernsthaftigkeit will nicht aus ihrem Gesicht weichen. Sie führt uns in die Wohnung im Kibbuz, die sie seit ihrem sechzehnten Lebensjahr bewohnt. »Das ist so üblich bei uns. Wer möchte, kann in dem Alter seine eigene Wohnung beantragen. Mir hat das gut gefallen. Du lebst alleine und bist trotzdem gut aufgehoben, denn der Rest der Familie wohnt zwei Straßen weiter.« In ihrem Zimmer hängen unzählige Fotos an den Wänden, die vollen Aschenbecher quellen über, eine geöffnete Weinflasche steht auf dem Tisch, CDs liegen verstreut auf dem Boden. Der Einblick in die Normalität einer jungen Frau, die, wenn sie gerade nicht beim Militär ist, ein Leben wie alle anderen Menschen ihres Alters führt.

»Ich liebe das Kino«, beteuert sie. »Mein derzeitiger Lieblingsfilm ist »Breaking the Waves« von Lars von Trier.« Ein Film über eine junge Märtyrerin, die sich aus Liebe zu einem Mann den religösen Konflikten in Irland stellt und dabei zugrunde geht.

Alles an Lihi scheint so erwachsen. Doch bei der Frage, was sie nach dem Militärdienst vorhat, weicht die Strenge und Ernsthaftigkeit endlich von ihrem Gesicht. »Ich werde sofort ins Ausland gehen, reisen und möglicherweise auch studieren. Israel ist ein kleines Land. Ich muss hier erst einmal raus.«

Auf die Frage, ob sie auch etwas Künstlerisches studieren möchte wie ihre Mutter, kehrt die Vernunft wieder zurück. »Eigentlich würde ich gerne etwas mit Musik studieren, aber dann mache ich mir Sorgen, dass ich davon nicht leben kann. Meine zweite Leidenschaft ist die Mathematik, vielleicht werde ich Computerwesen studieren. Das hat Zukunft.« Und über die Zukunft denkt Lihi sehr genau nach. Kinder möchte sie bekommen, das weiß sie sicher. Und mit denen möchte sie gewiss nicht in Tel Aviv oder Jerusalem leben.

»Ich bin im Kibbuz aufgewachsen und das hat mein Leben geprägt. Ich brauche die Gemeinschaft und die Natur. Dennoch ist mir das Leben hier in Ein Harod eng geworden. Das Problem an Kibbuzen ist, dass die oft zu streng ideologisch organisiert sind. Ich brauche schon ein bisschen mehr Freiheit und Privatleben. Deshalb werde ich das Leben in einem *Moshaw* bevorzugen. Dort ist alles etwas lockerer und man lebt trotzdem in der Gemeinschaft und

Fototermin zum Gruppenbild.
Von links nach rechts:
Hund, Galia, Tamara, Lihi,
Maya.

auf dem Lande.« Bevor wir uns verabschieden, denkt sie noch einmal genau darüber nach, ob das ihre Visionen für die Zukunft sind. Mit einem klaren Nicken bestätigt sie ihre Aussage und verabschiedet sich von uns, denn ihr neuer Freund hat seinen Besuch angekündigt. Jetzt ist sie etwas aufgeregt, denn sie hat sich vor einer Woche frisch verliebt. Wir stehen im Türrahmen

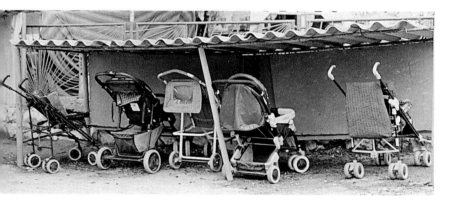 

und verabschieden uns. »Bevor ihr geht, also, ich glaube, neben all meinen privaten Wünschen und Vorstellungen meine Zukunft betreffend, gibt es doch noch etwas, das über allem steht. Auch wenn es beinahe wie eine Phrase klingt. Ich wünsche mir Frieden für unser Land. Der Zustand hier macht uns alle krank. Es kann sich einfach niemand vorstellen, was es bedeutet, mit dieser latenten Bedrohung zu leben. Ich würde alles dafür geben, wenn dies bald ein Ende hätte.« Bevor wir uns endgültig verabschieden, trinken wir noch eine Tasse Kaffee in Tamaras kleinem Haus. Der Vorgarten blüht und es duftet. Der Familienhund hat sich herrschaftlich vor Tamara gesetzt. Sie streichelt seinen eleganten Kopf, zündet sich eine Zigarette zum Kaffee an und schmunzelt.

»Wenn ihr darüber enttäuscht seid, dass ihr bei uns keine vierte Generation findet, dann möchte ich mich dafür entschuldigen. Aber ich muss gestehen: Unsere Familie ist einfach zu faul.«

Jemen, Sanaa; Wadi Alagab

Amel, 89
Hekma, 64
Nagat, 34
Abeer, 12

»Oh Prophet, sprich zu den gläubigen Frauen, dass sie ihre Blicke niederschlagen und ihre Scham hüten und dass sie nicht ihre Reize zur Schau tragen, es sei denn, was außen ist, und dass sie ihren Schleier über ihren Busen schlagen und ihre Reize nur ihren Ehegatten zeigen oder ihren Vätern oder den Vätern ihrer Ehegatten oder ihren Söhnen oder den Söhnen ihrer Ehegatten oder ihren Brüdern oder den Söhnen ihrer Schwestern oder ihren Frauen oder denen, die ihre Rechte besitzen, oder ihren Dienern, die keinen Trieb haben, oder Kindern, welche die Blöße der Frauen nicht beachten. Und sie sollen nicht ihre Füße zusammenschlagen, damit nicht ihre verborgene Zierrat bekannt wird. Und bekehret euch zu Allah allzumal, o ihr Gläubigen; vielleicht ergeht es euch wohl.«

Koran, Sure 24 (31)

INSHALLAH – SO GOTT WILL

Inshallah gehört neben dem Gruß *Salam Aleikum* zur Kategorie »Arabisch für Anfänger«. Inshallah, so lernten wir sehr bald, sollte auch unser Leitspruch werden auf einer besonderen Reise mit vielen Aufregungen, Überraschungen und kleinen wie auch größeren Wundern.

Inshallah – Gott wird es wohl gewollt haben, denn zu den größeren Wundern dieser Reise gehört die Tatsache, dass jemenitische Frauen sich unverschleiert fotografieren ließen.

Ein Wunder deshalb, weil die südarabischen Stammesgesellschaften des Jemen die Regeln der islamischen Welt unangefochten einhalten. Und dazu gehört die Verschleierung der Frauen. Was würde geschehen, wenn ein Nachbar oder gar ein Freund der Familie zufälligerweise ein Buch in die Hände bekäme, das einen Blick auf die Gesichter der Frauen möglich macht? Eine vorprogrammierte Katastrophe, einem Weltuntergang vergleichbar.

Wir landen in Sanaa, stehen im hellen Neonlicht vor abgenutzten grünen und orangefarbenen Plastikstuhlreihen und blicken auf funkelnde Krummdolche, die *Djambijas*, die locker vor den Bäuchen der Zollbeamten baumeln. Vereinzelt huschen einige schwarz verschleierte Frauen an uns vorbei. Die Formen der Körper, die sich unter den weiten schwarzen Gewändern verbergen, können wir nur erahnen.

*Frauen auf dem »Hochzeits-
berg«. Von hier oben werden
Pistolenschüsse ins Tal gefeu-
ert, um dem Brautpaar Glück
zu wünschen.*

Rüsselsheim in Sanaa

Es ist Abend in Sanaa. Wir erwarten Nagat, unsere Dolmetscherin, die uns sowohl mit einer Familie aus Sanaa als auch mit ihrer eigenen Familie bekannt machen wird.

Es klopft – Nagat tritt ein und nimmt uns ganz selbstverständlich in ihre Arme. Durch das kleine Fensterchen im schwarzen Schador lächeln uns schwarz umrandete Mandelaugen zu, Nagat ist verschleiert. Dann endlich kommt der Moment, an dem sie ihre Kopfbedeckung abnimmt. Zunächst erscheint uns dies sehr intim, doch dann ist der Vorgang ganz pragmatisch: Nagat öffnet einen Druckknopf und legt den schwarzen Stoff beiseite. »Ich bin so glücklich, wieder Deutsch sprechen zu können.«, sagt sie mit tiefer Stimme. Dabei hält sie unsere Hände. Dann lauschen wir der Geschichte einer Deutsch sprechenden Jemenitin, die anstatt »nicht« »net« sagt und das »ch« gerne in ein leises »sch« verwandelt – Rüsselsheim in Sanaa.

»Geboren bin ich in einem Dorf in der Nähe von Taiz. Als ich vier Jahre alt war, trennten sich meine Eltern. Mein Vater ging mit seiner neuen Frau nach Rüsselsheim, um für Opel zu arbeiten. Drei Jahre später holte er mich zu sich. Er erzog meine kleine Halbschwester und mich sehr streng. Nach der Schule mussten wir sofort nach Hause gehen. Freundinnen zu treffen oder gar einen Freund zu haben – undenkbar. Trotzdem habe ich mich in Deutschland viel freier gefühlt. Als ich siebzehn Jahre alt war, hat mein Vater mich zurückgeschickt. Er hatte Angst, dass ich am Ende in Deutschland würde bleiben wollen. Also landete ich wieder im Dorf bei meiner Mutter. Ich war schrecklich einsam. Ein Jahr später wurde ich mit meinem Cousin verheiratet, mit dem ich heute zusammen mit unseren drei Kindern in einem Vorort von Sanaa lebe.« Dann schaut Nagat auf die Uhr und erschrickt. »Oh Gott«, ruft sie. »Ich habe meinen Mann und meine Kinder ganz vergessen. Die sitzen unten im Auto und warten. Morgen zeige ich euch Sanaa, und dann fahren wir aufs Land zu meiner Familie.« Schnell legt sie ihren Schleier an und huscht wie ein dunkler Schatten durch die Tür.

Leben in Sanaa – zu Besuch bei der Familie Rassam

Nagat begleitet uns durch die Hauptstadt Sanaa. »Die Leute hier sagen, dass Sanaa einmal die Stadt der Königin von Saba war«, flüstert sie geheimnissvoll. Dem wollen wir sofort Glauben schenken, denn beim Durchschreiten eines der bedeutenden Stadttore, dem *Bab el Jemen*, wird das Klischee von Tausend und einer Nacht wahr. Die Zeit ist wirklich stehengeblieben. Nicht einmal die Satellitenschüsseln auf den Dächern deuten auf das Jahr 2001. Sie wirken niedlich virtuell, so als hätte sich jemand einen kleinen Spaß am Computer erlaubt. Der geschäftige Handel auf den Märkten blüht wie eh und je, die starken Gerüche von Gewürzen und anderen unbekannten Waren, die an jeder Ecke lauthals angepriesen werden, sind eine Herausforderung für alle Sinne. Und selbst wenn das Geschäft mit dem Weihrauch an Bedeutung verloren hat – Sanaa war zu Lebzeiten des Propheten Mohammed führend im Handel des damals kostbarer als Gold bemessenen Duftstoffes – so ist er zumindest für den privaten Gebrauch noch überall erhältlich.

Die noch vor wenigen Jahren zum Armenviertel erklärte Altstadt nennt sich heute Weltkulturstadt. Reiche Jemeniten, die einst ihre Villen in Vorstadtsiedlungen bewohnten, versuchen, meist mit einer nicht unerheblichen Summe Geld, wieder in den alten Gemäuern sesshaft zu werden.

Die Pflege der Kultur und die Verweigerung westlicher Einflüsse gehört zu den neuen Werten der Hauptstadtbewohner. Die Familie Rassam lebt seit Generationen in Sanaa und hat das herrschaftliche Haus, das mit seinen sieben Stockwerken zu den höchsten Gebäuden der Altstadt gehört, nie verlassen. Wir haben das große Glück, im Innern dieses Hauses einen ganz normalen Nachmittag zu erleben. Der Sohn Abdullah erwartet uns außerhalb des Hauses, denn wer den besonderen Rhythmus des Familien-Klopfzeichens am gewaltigen Tor nicht beherrscht, jenes *Sesam-öffne-dich*, der hat Pech gehabt; dem Fremden bleibt der Einlass verwehrt. Ein kleiner Junge öffnet und Abdullah beginnt mit der Hausbegehung. Dass er sie nicht beenden wird, erklärt sich später von selbst. Aber noch sind wir unten und fühlen uns wie bei einer Museumsführung. Vor uns tut sich ein Raum auf, dessen massives altes Mauerwerk modrig riecht.

»Hier waren einst die Ställe für die Kamele. In der Mitte gab es eine große runde Steinmühle, die mit Hilfe eines Kamels betrieben wurde. Aber das gibt es nur noch sehr selten.« Er lacht. »In der Beziehung haben auch wir uns dem Fortschritt angenähert.«

Die schweren Steintreppen führen in den ersten unteren Wohnraum, eine Mafratsch, ausgestattet mit bunt gewebten Teppichen und runden Messingtischen. Hier ist es warm, und es duftet süßlich. Es ist der Raum der Männer, die hier ihre Mahlzeiten einnehmen und die

ausgiebigen Ruhepausen am Nachmittag genießen. In diesem Zimmer hält sich keine Frau auf, nicht einmal verschleiert. Das Essen wird von den jungen Männern der Familie serviert, die ganz kleinen Jungen dürfen hier spielen und bereits im frühen Alter stolz ihren Krummdolch zur Schau stellen. Lärmendes Spiel wird ihnen untersagt, also sind sie eifrig darum bemüht, die Rollen ihrer männlichen Vorbilder nachzuahmen. In wichtigtuerischen Gesten imitieren sie alles, was ihre Augen wahrnehmen. In den folgenden Stockwerken befinden sich die Schlafräume. Noch ist Abdullah an unserer Seite und erklärt: »Viele Familien wohnen unter einem Dach. Die Kinder teilen sich oft bis ins hohe Alter die Räume mit den Eltern. In den oberen Zimmern, den Etagen, in denen die Frauen unverschleiert sein dürfen, ist die große Küche. Jede Küche hat einen besonderen Ofen, der eigens fürs Brotbacken gebaut wurde. Ganz oben unter dem Dach ist der schönste Raum.«

Bevor wir die obersten Etagen begehen, macht er Halt. Vor ihm liegen Stufen, die er vielleicht das letzte Mal vor vierzig Jahren mit den nackten Füßchen eines kleinen Jungen betreten hat. Von oben ruft seine Mutter uns zu: »Kommt hoch, habt keine Angst, hier sind wir unter uns«. Abdullah lässt uns allein.
Eine weitere Mafratsch, die noch gemütlicher zu sein scheint als die zwei anderen Wohnzimmer des Hauses, liegt vor uns. Riesige Kissen und wertvolle Gegenstände schmücken den mit kostbaren Teppichen ausgelegten Fußboden. Der Ausblick aus den alten Buntglasfenstern ermöglicht eine Sicht über die gesamte Altstadt. Dieses Zimmer wird ausschließlich von den Frauen bewohnt, es ist dazu eingerichtet, Gäste zu empfangen oder außerordentliche Anlässe zu feiern.

»Kommt«, geheißt uns Frau Rassam und schiebt uns durch einen Rundbogen ins Zimmer. Durch den Weihrauch, der uns ganz schwindelig macht und so stark qualmt, dass wir kaum etwas sehen können, nehmen wir langsam die vielen Gesichter der Frauen wahr.

Am Nachmittag füllen Frauen und Männer sich die Wangen mit Kat-Blättern, um die Tagesruhe genussvoll zu erleben.

Sie liegen ausgestreckt auf den Matrazen, begrüßen uns freundlich und sind in entspannter Plauderlaune. Man kommt zum Höhepunkt des Tages: Kat – eine Selbstverständlichkeit in diesem Lande, eine Volksdroge.

Jeder erwachsene Mensch, Mann wie Frau, erfreut sich am Genuss der kleinen grünen Blättchen, die sanft gekaut und mit etwas Speichel vermischt werden. Dann wandert der grüne Brei in die rechte oder linke Wange und wird mit der Zunge bearbeitet. Nach vielen Umschichtungen wird alles erneut gekaut und immer wieder mit frischen Blättern angereichert. Das Ritual dauert Stunden.

Die Gespräche sind zunächst angeregt, bis sie leise verstummen. Nun ist der Punkt erlangt, der erreicht werden will. Ruhe. Die Wange ist jetzt so voll, dass sich auch ein Tennisball hinter der aufgeblähten Haut verbergen könnte. Aber die grün gefärbten Mundwinkel verraten das offene Geheimnis. Kat ist legal und jeder nimmt es. Auch der Präsident und jeder Polizeibeamte, der am Nachmittag bedauerlicherweise für Ordnung sorgen muss. Mit dicker Backe.

In den frühen Abendstunden sind sämtliche Wirkstoffe ausgesaugt und die Masse darf den Mund verlassen. Grüne Klumpen pflastern die Straßenränder. Dann beginnt die Droge auf einer weiteren Ebene zu wirken: nach der beruhigenden hat Kat eine anregende Wirkung. Die Arbeit, die getan werden muss, wird verrichtet. Eine fröhliche Geschäftigkeit erfüllt die Straßen – bis die Lichter langsam erlöschen, die hellen Stimmen der lebendigen Märkte verstummen und jeder sich in sein privates Gemach zurückzieht, bis zum nächsten Sonnenaufgang, wenn der Muezzin wieder den Tag einleitet und alles von vorne losgeht.

Nach dem Kat-Genuss wird Tee und Gebäck gereicht. Frau Rassam nimmt einen tiefen Zug aus der Wasserpfeife.

Seit Stunden liegen wir mit diesen fremden Frauen im Zimmer. Dichter Nebel liegt über den Körpern, auch die Wasserpfeifen sind längst angezündet worden. Unsere Anwesenheit scheint die Frauen wenig aus der Ruhe zu bringen. Eigentlich benehmen sie sich so, als wären wir gar nicht da. Aber keineswegs unhöflich, sondern sehr gelassen.

Unvermittelt beginnt Frau Rassam zu reden: »Die Freiheit, von der ihr westlichen Frauen immer redet, kann ich nicht verstehen. Ich bin glücklich mit den Regeln meiner Welt. Hier oben ist unser kleines Reich.« Eine von den jungen Frauen mischt sich vorsichtig ein.

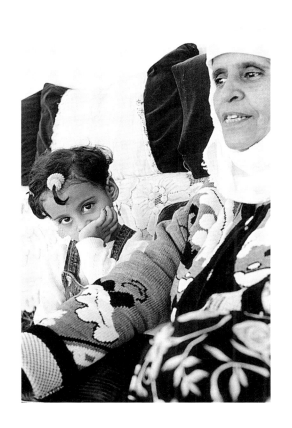

»Meine Großtante hat eine sehr angesehene Position in ihrer Familie. Selbst die Männer gehen zu ihr und holen sich Ratschläge. Sie ist sehr weise und alle befolgen ihre Anordnungen.«
Frau Rassam scheint froh über die Bemerkung zu sein und redet weiter. Sie erzählt von früher, den Zeiten, in denen die Stadttore der Altstadt nachts verschlossen wurden, den Tagen ohne Fernsehen, den Märkten. Dann richtet sie ihren ausgestreckten Arm nach draußen und ruft nach ihrer Schwester, die uns die Küche zeigen soll. Sie hat den Teig längst vorbereitet und weiht uns in die kunstvolle Art des Brotbackens ein.

Um uns herum klappern Topfdeckel und Tausende von kleinen Schälchen werden mit Suppen, Saucen, Nudeln, Reis, Fleisch und Gebäck gefüllt. Frau Rassam bittet uns zum Essen. Ein ausgebreitetes weißes Damasttuch liegt auf dem Fußboden eines uns noch unbekannten Zimmers. Die Frauen, die wir vorher trafen, nehmen Platz an den Rändern des weißen Quadrates.

Es müssen etwa zwanzig Frauen und Mädchen sein. Sie stellen uns interessierte Fragen über das Leben in Deutschland und erzählen von der jüngsten Entbindung, die vor wenigen Tagen hier im Haus stattgefunden hat.

Die junge Mutter ist unter uns und wird vierzig Tage hier oben verweilen, bevor sie das Haus wieder verlassen darf. Nachdem alle Schüsseln gelehrt wurden, gibt Nagat uns ein unmissverständliches Zeichen: Die Aufforderung zum Gehen. Auf dem Heimweg sagt Nagat zu uns:

»Die Frauen in Sanaa sind ganz besonders verschlossen. Jeder Fremde ist erst einmal ein Eindringling. Für ihre Verhältnisse waren sie sehr gastfreundlich und offen. Auch wenn es eigentlich nicht so scheint. Wisst ihr, auf dem Land ist das anders. Hier in der Stadt tragen die Menschen dieses Erbe, sind stolz auf ihre Kultur, ihre Religion. Sie verweigern sich dem Westen, so gut es geht. Zumindest nach außen. Einen Fernseher haben nämlich alle und oftmals verbirgt sich unter den langen Mänteln ein Designerkleid aus Paris.

Bei meiner Familie auf dem Land ist alles ganz anders. Aber bevor wir uns auf den Weg machen, möchte ich, dass ihr morgen meine Gäste seid.«

Acht Frauen nennen ihre Gründe, warum sie einen Schleier tragen:

»Ich trage einen Schleier, um mich dahinter zu verbergen. Alle Männer sind Wölfe.« »Ich habe nie darüber nachgedacht, warum ich einen Schleier trage, es gehört zu unserer Gesellschaft und ist ab einem gewissen Alter völlig selbstverständlich.« »Ich trage einen Schleier, um nicht den schlechten Gerüchen und den vielen Bakterien ausgesetzt zu sein.« »Der Schleier, den ich trage, kommt aus Sanaa und ist als solcher sofort zu erkennen. Das hat eine lange Tradition, die ich mit Stolz trage.« »Der Schleier ist dazu da, das geheimnisvolle Spiel mit den Augen zu genießen.« »Mein Mann verlangt von mir, dass ich mich verschleiere. Kein anderer Mann außer ihm soll je mein Gesicht sehen.« »Ich trage einen Schleier, weil ich die Anonymität schätzen gelernt habe.« »Ich muss einen Schleier tragen, weil ich das außerordentliche Glück hatte, dass mir nach der Scheidung die Kinder zugesprochen wurden. Sollte ich es versäumen, mich zu verschleiern, wäre das ein grober Regelverstoß und die Kinder wären sofort weg.«

EIN TAG MIT NAGAT

»Ich schlage vor, wir holen Abeer von der Schule ab, danach fahren wir zu mir.« Die Geräusche auf dem Schulhof sind vertraut. Die Scharen junger Mädchen unterscheiden sich nur durch das Tragen der Kopftücher und der langen Mäntel von anderen Schulkindern dieser Welt. Abeer steigt zu uns ins Auto. Sie freut sich, denn Nagat hat ihr versprochen, zur Familie aufs Land zu fahren. Wir fahren langsam durch ein Neubaugebiet, unweit vom Zentrum Sanaas gelegen. Viele Häuser befinden sich im Rohbau. Auffallend große Villen stehen protzig neben winzigen Hütten. Mittendrin liegt eine Müllhalde, an deren Rändern sich spielende Kinder und herrenlose Hunde tummeln. Direkt an die Hauswand eines Prachthauses gequetscht steht verloren Nagats Häuschen und wartet auf den Außenputz.

»Dafür haben wir im Moment das Geld noch nicht. Außerdem würden wir lieber zuerst ein Stockwerk bauen, bevor wir das Haus von außen verschönern. Das kann noch Jahre dauern.«

Wir treten ein. Ein kleiner Flur, zwei Zimmer, eins für die Kinder, eins für die Eltern, das tagsüber als Wohnraum genutzt wird.

Die Küche ist im Hof. Eilig macht sich unsere Gastgeberin an die Arbeit, uns ein Hühnchen zuzubereiten. Wir leisten ihr Gesellschaft, helfen beim Zerkleinern des Gemüses und führen entspannte Küchengespräche.

Nagats ältester Sohn läuft aufgeregt hin und her und führt uns ein kleines, aufgedrehtes Äffchen vor, das er an einer Leine führt.

Die im Hof spielenden Nachbarskinder kreischen beim Anblick des Haustiers. »Der Affe gehört dem Nachbarsjungen. Die zwei sind ganz verrückt damit.« Abeer bereitet sorgsam den Wohnraum vor, in dem wir unser Mittagessen einnehmen sollen. Doch bevor es soweit ist, geht Nagat in den Nebenraum. Es ist zwei Uhr – Gebetszeit. Vorher wäscht sie mit großer Sorgfalt ihre Hände, die Arme und das Gesicht. Schweigsam warten wir auf ihre Rückkehr.

»Als ich mich plötzlich hier wieder fand, in diesem Land, das mir so fremd geworden war, mit einem Mann an der Seite, den ich noch aus meiner Kindheit kannte, brach für mich eine Welt zusammen. Dazu diese Armut, das machte mich zuerst sehr unglücklich. Bis ich anfing, den Koran zu lesen und eine besondere Liebe zu Gott entdeckte«, erzählt Nagat nach dem Essen.

»Außerdem habe ich diese wunderbaren Kinder. Sie sind mein ganzes Glück.« Abeer lächelt, als hätte sie die Worte ihrer Mutter verstanden und erhebt sich eilig. Sie deckt ab, bevor sie in der Küche verschwindet, um Tee zu bereiten. Die Aufgaben der Kinder sind klar verteilt. Das heißt, genaugenommen die der Mädchen, denn die Söhne dürfen sich wieder ihrem Spiel im Hof widmen. Während wir unseren Tee nehmen, gesellt Abeer sich zu uns und öffnet ihre Schulhefte. »Sie ist sehr fleißig,« lobt die Mutter und streicht ihr sanft übers Haar.

»Abeer möchte gerne Ärztin werden. Ich wünsche mir so sehr, dass sie es schafft. Vielleicht kann sie einmal in Deutschland studieren. Obwohl ich mich sehr darum bemühen würde, hätte ich große Angst um sie, denn ich weiß ja, dass das Leben in Deutschland viel freier ist. Ich könnte ihr niemals erlauben, dass sie sich in einen deutschen Mann verliebt. Oh Gott, das wäre schrecklich.«

Warum Nagat dieselben Anforderungen an ihre Tochter stellt, die sie an ihrem Vater verabscheut hat, kann sie uns nicht erklären. Sie muss selber darüber lachen und ruft laut »Niemals!«.

DIE REISE INS BERGDORF

Wir wissen nicht, was auf uns zukommen wird, als wir die Stadtgrenzen hinter uns lassen. Man legt uns ans Herz, dafür zu sorgen, dass der Fahrer die Strecke gut kennt, denn sie sei gefährlich wegen der engen Gebirgsstraßen und der unsicheren Wege. Ein Soldat wird auf den Notsitz verfrachtet – zu unserer Sicherheit. Die Regierung möchte uns vor einer Entführung bewahren.

Doch die bedrohliche Wirkung, die sein MG hat, dessen Lauf gelegentlich direkt in unsere Richtung zielt, während er genüsslich Schokolade isst, löst leichte Zweifel über unsere vermeintliche Sicherheit aus. Aber wir haben großen Spaß. Nagat und Abeer singen, der Fahrer Ahmet genießt die Landschaft mit uns. Er ist in bester Morgenlaune.
Doch die ausgelassene Freude verlässt ihn bald. Es dauert eine Ewigkeit. Die Bergstrecken werden immer gefährlicher. Straßen gibt es schon lange keine mehr, und die felsigen schmalen Wege auf 2500 Metern Höhe lassen uns ängstlich am Abgrund entlangtorkeln.

»Dort seht ihr mein Dorf, wir sind gleich da«, erlöst uns Nagat. Kurz darauf erreichen wir den Hof. »Meine Mutter ist noch auf dem Feld. Kommt, ich stelle euch meine Schwägerin vor. Sie ist seit einem Jahr bei uns.« In der Küche, einer kleinen Steinhütte, steht ein etwa siebzehnjähriges Mädchen im roten Wollkleid, das uns ansieht, als wären wir gerade vom Himmel gefallen. Schutzsuchend vergräbt sie sich in Nagats Armen. Nachdem sie uns einige Sekunden regungslos angestarrt hat, reicht sie uns vorsichtig die Hand.

»Sie hat noch nie Leute aus Europa gesehen, macht euch nichts draus. Sie ist etwas schüchtern. Kommt, ich zeige euch den Stall, dann warten wir auf meine Mutter.« Die junge Frau an ihrer Seite wird etwas mutiger, denn hier fühlt sie sich sicher. Die Tierpflege gehört zu ihrem Aufgabenbereich. Stolz hält sie eine junge Ziege in den Armen. In dem Moment geht das Holztor auf, und eine Bäuerin tritt ein. Der Esel, den sie hinter sich herzieht, ist mit mächtig viel Grünzeug beladen. Nagats Mutter ist Besitzerin eines großen Katfeldes. Der Blick auf den vollbeladenen Esel steigert die Laune unseres Fahrers in Sekunden.

»Hier in der Hochebene ist der Kat am besten«, ruft Ahmet. Kurz begrüßen wir die Mutter, viel Zeit zum Reden bleibt nicht. Schnell müssen wir ins Auto und weiter ins nächste Dorf zur Urgroßmutter, bevor die Dunkelheit einbricht. Die zweistündige Autofahrt durchs unliebsame Gebirge wollte gerade Ahmets Laune verderben, doch die Plastiktüte voller Kat auf seinem Schoß und die leicht angefüllte Wange verleiten ihn plötzlich zu einem euphorischen Ausruf:

Stolz hält Hekma ihre frisch geernteten Kat-Pflanzen in die Höhe. Kat-Bauern haben ein gutes Auskommen, denn die Blätter, die aus den Bergen kommen, sind besonders begehrt. Allerdings müssen sie schnell verzehrt werden. Kat, der älter als ein Tag ist, wird verschmäht.

»Look here – Look there – Panorama everywhere« Und er hat Recht. Terrassenförmig angelegte Dörfer schmiegen sich in die erhabenen Ebenen, eingebettet in geometrisch angelegte Mais- und Katfelder. Sie liegen nach einer langen Regenzeit wie ein grüner Samtmantel auf den rauen, felsigen Berghängen.

Endlich sind wir da. Vor uns steht ein mehrstöckiges Steinhaus mit Flachdach, Hunde bellen lauthals, Katzen sträuben ihr Fell, der Hahn kräht. Nagat klopft mehrfach an die Tür, und eine ältere Frau, mit hennarot gefärbtem Haar, das wild über ihren Schultern hängt, öffnet.

»Meine Oma Amel«, ruft Nagat und fällt ihr um den Hals. Abeer, die sich während der letzten Wegstrecke schweigsam auf den Rücksitz gequetscht hatte, lässt sich fest von ihrer Urgroßmutter küssen. Es ist lange her, dass sie sich gesehen haben, und Abeer freut sich sehr. Niemand ahnte unseren Besuch.

»Hier gibt es kein Telefon. Nicht einmal ein Bote hätte die Nachricht von unserer Ankunft überbringen können. Hier in diesen abgelegenen Ort kommt so schnell niemand. Ein Fußweg bis zur nächsten Hauptstraße dauert einen halben Tag.«

Amel ist eine außerordentliche Erscheinung in dieser rauhen Landschaft – ihr rotes Haar, die schwarze

Hornbrille, das mit farbigen Stickereien versehene rote Baumwollkleid, die vielen altertümlichen Schmuckstücke um Hals und Arme gebunden.

Ehe wir uns versehen, werden wir umringt von etlichen Frauen, die uns voller Wohlwollen in Empfang nehmen und uns ins Haus einladen. Vorbei an den Kühen, die in den unteren Etagen wohnen, weiter an den Schlafräumen vorbei, bis wir endlich die verrauchte Küche im oberen Stockwerk erreichen. »Meine Tante backt gerade Brot.«

Leicht verwirrt übt die Frau, die durch die starke Rauchentwicklung kaum sichtbar ist, ihre Tätigkeit an der offenen Feuerstelle aus. Nagat erzählt der Familie den Grund für unseren Überraschungsbesuch.

Endlich gibt es Abendessen. Große warme Brotfladen werden gereicht. In einer Tonschüssel brodelt der noch heiße Eintopf. Zumindest sieht es so aus. Aber Nagat klärt uns auf. »Eine der Kühe hat gerade gekalbt. Noch bevor das Kälbchen die erste Milch trinkt, wird die Kuh gemolken. Diese Milch ist ganz besonders gesund. Ein Glück, sagt meine Großmutter, dass wir heute ein so gutes Essen haben – für die Gäste.«

Mit etwa zehn Frauen bilden wir einen Kreis um die Schüssel. Sie bedeuten uns, zu beginnen. Totenstille. Alle starren uns an und warten auf eine Regung. Nach den ersten Bissen und unserer offensichtlichen Freude am warmen Mahl tunken jetzt alle, wie auf ein Kommando, ihre zerkleinerten Brotstücke in den Topf. Die Gespräche untereinander sind zurückhaltend.

Linke Seite: In jedem jemeniti-
schen Haushalt wird täglich
frisches Brot gebacken.
In ländlichen Gegenden sind
die Öfen improvisiert oder gar
offene Feuerstellen.

Immer wieder treffen sich neugierige oder verlegene Blicke. Unsere Bäuche sind voll, die Sonne ist längst nicht mehr zu sehen und die Urgroßmutter ist erschöpft. Ihre kindlichen Augen, die erst so wach und energisch waren, fallen langsam zu.

Ihr ganzes Leben hat sie auf dem Hof verbracht, die Leitung dort übernommen, nachdem die jungen Männer es vorgezogen hatten, in der Stadt zu arbeiten. Doch gänzlich möchte sie auf unsere Gesellschaft nicht verzichten und bittet uns, sie später noch einmal in ihrem Schlafzimmer zu besuchen. Da liegt sie wenig später wie zerbrechlich in ihrem weißen Bett, in ein helles Nachtgewand gekleidet, die Brille auf der Nase. Nagat setzt sich zu ihr auf die Bettkante und legt die Hand auf ihren Arm. Wir nehmen Platz auf einem Kissen vor dem Bett und lauschen der Unterhaltung, die Nagat sorgfältig für uns übersetzt.

Die Großmutter ist in Sorge um eine ihrer Töchter, die offenbar unter einer schweren Krankheit leidet. Auch sie selbst klagt über Schmerzen. Die schwere körperliche Arbeit, die eine Frau auf dem Land zu verrichten hat, dazu noch die Sorge um die Familie und den Haushalt, das hinterlässt Spuren.

Irgendwann fällt sie in einen leisen Schlaf. Wir schleichen uns vorsichtig aus dem Zimmer und gesellen uns wieder zu den anderen Frauen. Nagat klärt uns über die Familienverhältnisse auf.

»Dies ist meine Schwägerin, das meine Cousine, meine andere Cousine, meine Tante, ihre Tochter, noch eine Schwägerin, meine Nichte, meine Großtante.« Nagats Mutter Hekma lächelt, denn zum ersten Mal kann sie erahnen, was ihre Tochter uns erzählt.

Das Familienbild, von links nach rechts: Abeer, Nagat mit einem von Nores Kindern, Hekma, Nore, Amel.

Abeer und ihre Cousine verlassen den Raum und gehen aufs Dach, um die Sterne zu beobachten. Eine weitere junge Frau betritt den Raum. Sie ist gerade aus Taiz zurückgekehrt,
der nächsten größeren Stadt, in der sie hin und wieder die Erträge auf dem Markt verkauft.

»Seht nur, das ist meine leibliche Schwester Nore, sie wohnt jetzt hier im Haus der Großmutter.
Ihr Mann arbeitet in Taiz.« Nore hat einen kräftigen Körper und ihr Gesicht ist gezeichnet vom
herben Bergklima. »Meine Mutter wollte, dass Nore hier lebt und arbeitet. Sie selbst hat genügend Unterstützung von meinen Brüdern. Ich bin stolz auf meine Mutter, dass sie es alleine
geschafft hat, besonders nachdem ihr zweiter Mann sie auch verließ. Sie ist eine tapfere Frau.
Sie hat zwei Scheidungen hinter sich.«
Dabei drückt sie ihrer Mutter, die nichts von alledem verstanden hat, einen Kuss auf die
dicken roten Wangen. Die Entfremdung ist unübersehbar. Nagat sieht ihre Familie sehr selten,
und während ihrer Zeit in Deutschland war der Kontakt zehn Jahre unterbrochen. Es scheint
aber eine Verbindung zu Nore, ihrer Schwester zu geben. Man hat den Eindruck, dass die beiden neugierig auf das Leben der jeweils anderen schauen.

»Hier ist das Leben freier als in der Stadt. Die Frauen gehen unverschleiert aufs Feld. Wenn es
ihnen gut geht, singen sie gemeinsam. Die Menschen helfen einander und konkurrieren nicht
so stark wie in der Stadt. Und die Tatsache, dass die Familie zusammenlebt, ist natürlich auch
schön. Ich kenne das ja gar nicht mehr, weil meine Kindheit in Deutschland schon in der Klein-
familie stattgefunden hat. Ich kann mir zwar eine Rückkehr aufs Land nicht mehr vorstellen,
aber gelegentlich bedaure ich den Verlust.«

Ohne Ankündigung wird plötzlich die gesellige Runde aufgelöst, man zeigt uns den Schlafraum
über den Kuhställen, den die Schwester uns zur Verfügung stellt. Nagat verschwindet mit ihr
im Nebenraum. Sie haben sich offenbar viel zu erzählen. Was genau, das bleibt ihr Geheimnis.

Nagat mit ihren beiden Nich-
ten im Dorf der Großmutter.
Auf dem Land fällt sie mit
ihrem schwarzen Tschador auf,
die Landfrauen sind selten verschleiert. Ihre einzige Kopfbedeckung sind die riesigen
Sonnenhüte.

Indien, Neu Delhi

Vimla, 81
Kiran, 52
Indu, 32
Aditi, 9

VIER FRAUEN UNTER EINEM DACH

»Willkommen in Indien. Jetzt kommt also die Stunde der Wahrheit für uns. Dabei führen wir doch ein völlig normales und langweiliges Leben.

Ich wünschte, wir hätten irgendwo kleine Geheimnisse versteckt, damit wir wenigstens ein bisschen glamouröser wirkten«, begrüßt uns Kiran aufgeregt in ihrem kleinen japanischen Auto und reißt dabei ihr Lenkrad mit einer schwindelerregenden Geschwindigkeit herum. Hastig schiebt sie noch einen Satz hinterher, der nicht so recht zu den heiligen Kühen passt, die vereinsamt im Straßenverkehr Neu Delhis stehen und stoisch in die Gegend schauen:

»For 15 Minutes we're gonna be a star.« Andy Warhol aus dem Mund unserer indischen Großmutter?

»Glaubt ihr etwa, wir leben hier auf dem Mond? Das war meine Zeit...« Doch die Zeit reicht für weitere Erklärungen nicht mehr aus. Wir sind angekommen und befinden uns vor dem Mietshaus in Panchsheela Park, Block »S«.

»S« steht für Süden und wer in »S« wohnt, gehört zur unteren Oberschicht oder oberen Mittelschicht, oder wie auch immer die feinen Differenzierungen aussehen mögen. Die richtig Reichen hingegen

In Neu Delhi wird jede zweispurige Verkehrsstraße so genutzt wie eine fünfspurige. Zwischen Kleinwagen bewegen sich menschenüberfüllte Busse, voll-beladene LKWs, festlich geschmückte Elefanten, Kutschen, Motorroller, die ganze Familien transportieren, Kamele, Taxis, Fahrräder, Rollstühle, und mittendrin stehen heilige Kühe. Kiran lenkt ihr Auto in wildem Slalom durchs Getümmel.

wohnen in Block »N«. Und die richtig richtig Reichen bewohnen die alten großen Villen im ehemals britisch bewohnten Teil Neu Delhis. Ja, und dann gibt es auch noch die Paläste der Maharajas. So wurde es uns gesagt. Um sich eine Wohnung in dieser Gegend leisten zu können, geht Kiran täglich in ein Büro, das erfahren wir ganz nebenbei im Treppenhaus, und wieder reicht die Zeit nicht aus, dieses Gespräch zu vertiefen, denn im Türrahmen der zweiten Etage steht Indu, Kirans Tochter.

Die beiden geben sich einen flüchtigen Kuss auf die Wange, und wir werden in den Wohnraum geführt. Hier wartet schon die Urgroßmutter, Vimla, die uns mit einem leisen »Namaste« empfängt. Aditi, die Tochter von Indu, ist in der Schule.

Alles ist perfekt organisiert, und unser erstes Kennenlernen kann losgehen. Es ist alles so leicht und unkompliziert. Kiran wirft unentwegt ironische Zitate durch den Raum, Indu lacht aus vollem Herzen – der Witz der beiden ist eingespielt, Vimla hält fest meine Hand und flüstert uns mit einem ebenfalls humorvollen Unterton Kommentare über die beiden ins Ohr. Bevor wir uns auf die amüsanten Gespräche, die Biografien und Lebensentwürfe einlassen können, die bereits wie aus der Maschinenpistole herausgeschossen kommen, ohne dass wir auch nur eine einzige Frage gestellt haben, denn Kiran ist schneller als ein amerikanischer Showmaster, kommt erst einmal der Notizblock zum Vorschein: Name, Alter, Herkunft.

Wir sind im Land der sprechenden Namen: »Vimla« steht für die Reinheit, »Kiran« ist der Lichtstrahl, »Indu« der Mond und »Aditi« die Urmutter. Wir sind in Indien und hier hat alles eine Bedeutung.

»Wenn du nach Indien kommst, beginnst du, an Gott zu glauben«, behauptet Kiran. »Wer oder was Gott ist, bleibt natürlich euch selbst überlassen«, kichert sie nachträglich, die Frau, die genau so fest an Horoskope glaubt wie an westliche Philosophien, die Reinkarnation der Seele, zeitgenössische Theoretiker, das Startum von Lady Diana und ihren Lieblingsdramatiker, William Shakespeare.

Noch bevor wir Alter und Herkunft jeder einzelnen erfahren, ist Kiran schon wieder bei einem anderen Thema. Sie ist im übrigen die einzige in der Familie, die einen Sari trägt, dessen Ende sie mehrfach zielsicher über die Schulter schwingt, weil es da nie länger verweilen mag. Durch ihre hastigen Bewegungen hat man unentwegt den Eindruck, dass die fünfeinhalb Meter Stoff sich gleich von ihrem Körper ablösen werden.

Bei der Frage nach dem Geburtsort ertönt ein zeitgleiches: »Lahore« und »Chandigarh«. Vimla, die uns einen etwas strengeren Blick zuwirft, der sagen will Meine Zeit ist knapp, lasst mich zuerst, denn ich würde gleich gerne meine Mittagsruhe wahrnehmen, setzt sich durch. Indu beobachtet gelassen den kleinen Wettkampf zwischen Großmutter und Mutter. Sie hat alle Zeit der Welt.

Vimla ist diejenige, die in Lahore aufgewachsen ist. Lahore, auch das indische Oxford genannt, war seinerzeit eine der wichtigsten Universitätsstädte des von den Engländern regierten Landes. Vimla studierte dort, bevor sie einen indischen Beamten zum Mann bekam und mit diesem für ein Jahr nach England ging.

»Als meine Mutter gegen Kriegsende den englischen Grenzposten überschritt«, platzt es aus Kiran heraus, »sah sie einen fremden Beamten die Straßen fegen. Sie ging auf ihn zu und wollte ihm beinahe den Besen aus der Hand reißen. ›Ihr seid doch die Herren und wir die Diener‹ ... das hat sie gesagt. Ist das nicht komisch?«

Vimla lächelt verlegen. Sie erinnert sich noch zu genau an die Zeiten, als Mahatma Gandhi für den Aufstand warb, damals in Lahore, als sie vor den Toren der Universität stand und seinen Reden folgte. Sie hatte Politische Wissenschaft und Geschichte studiert. Jedoch, so behauptet sie heute, fehlte ihr der Mut, sich aktiv politisch zu engagieren. »Gandhi ist heute so etwas wie eine touristische Attraktion. Die jungen Leute kennen gerade mal seinen Namen, finden es gegebenenfalls schick, sich damit zu brüsten, wenn ihre Großeltern mit ihm für die Freiheit unseres Landes kämpften,« schiebt ihre Tochter ein.

Das Rote Fort in Agra gehört neben dem Taj-Mahal zu den Höhepunkten muslimischer Baukunst. Es wurde zwischen dem 16. und 17. Jahrhundert von verschiedenen Moghulherrschern erbaut.

Die Familie, von links nach rechts: Indu, Aditi, Vimla und Kiran

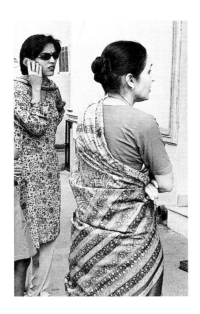

Deutlicher erinnert sich Vimla an die Zeiten nach dem Studium, den Abschied von Lahore, ihre Ehe, die Phase des Aufbaus nach der Unabhängigkeit. Durch den Beruf ihres Mannes ist Vimla viel durch Indien gereist, einen eigenen Beruf hat sie niemals ausgeübt. Vimla sitzt wie ein kleines Kind auf dem Sofa und wirkt zerbrechlich. Sie streicht mir mehrfach mit dem Handrücken über die Wange und teilt uns vorsichtig mit, dass sie jetzt ihre Mittagsruhe braucht. Am Nachmittag haben wir eine Verabredung im Park.

EIN NACHMITTAG IM PARK

Vimla scheint erleichtert zu sein, dass sie mit uns alleine ist. Zu viel Aufregung mag sie nicht gerne um sich haben. Der Park ist unweit des Hauses gelegen. Vorbei an einer alten Tempelruine, über die Straße, und da sind wir. Ein kleiner Park, mit einer ovalen Rasenfläche in der Mitte, einem gepflasterten Weg am Rand, den Vimla tapfer zweimal täglich begeht. Sie will sich gesund halten und ihrer Tochter nicht zur Last fallen. Nach jeder Runde winkelt sie einen ihrer Finger an, bis die Hand eine Faust bildet. Dann ist sie fertig. Sie kennt jeden Stein, jede Blume, jeden Baum und jeden Besucher. Bei denen, die ihr vertraut sind, verharrt sie für eine Weile, führt ihre Hände zusammen und senkt höflich ihren Kopf.

Es ist ihr kleines Reich und sie ist glücklich, die letzten Tage vor der bevorstehenden Hitze zu genießen. Im Gegensatz zu ihrer Tochter Kiran scheint sie verwirrt zu sein über die

Vimla heute; ihr Passbild aus den vierziger Jahren.

Das Papier des Ausweises trägt noch das vormalige Wasserzeichen »Empire Of India«, als Wohnort ist eingetragen: British India, Lahore.

ungewohnte Aufmerksamkeit, die wir ihr entgegenbringen. All diese Fotos in der Öffentlichkeit. Sie bittet uns um mehr Zurückhaltung.

Hinter dem Park ist eine Armensiedlung – man nennt diese Viertel auch »Slums«. Vimla äußert sich bei ihrem Anblick erbost über die Regierung, so, als müsste sie sich für diesen Zustand entschuldigen. »Dieses Land ist so korrupt. Die Reichen werden immer reicher und die Armen immer ärmer. Als wir anfingen, alles neu aufzubauen, hatte ich viel Hoffnung. Wir waren voller Optimismus, denn endlich gehörte Indien wieder uns. Es lag in unseren Händen, etwas daraus zu machen. Dass es einmal so enden würde, hätte ich nicht gedacht. Aber Gott wird es so gewollt haben. Er gibt uns verschiedene Aufgaben im Leben.«

Vimla ist praktizierende Hinduistin. Dreimal täglich schmückt sie ihren kleinen heimischen Altar mit Opfergaben und betet. Sie glaubt fest an ihr Karma, und so wie sie gehen viele Inder mit dem Umstand der Armut um – die Hölle auf Erden zu durchwandern, um die Strafen aus einem vorherigen Leben abzuzahlen. Später hat einmal eine Inderin zu uns gesagt: »Wisst ihr, das mit der Armut, das nehmen wir alle irgendwie hin. Sogar die Betroffenen selbst. Würden sie nicht an die Reinkarnation glauben, hätten wir in diesem Land längst schon eine Revolution.« Viele schwierige Lebenssituationen hat Vimla mit Hilfe ihres Glaubens bewältigt. »Man muss die Hindernisse, die einem entgegengestellt werden, schätzen lernen. Das alles hat seinen Sinn. Wir wollen wachsen und zu besseren Menschen werden.«

In welcher Gestalt Vimla ihr nächstes Leben beginnen möchte, kann sie nicht genau sagen. Sie möchte den inneren Frieden finden, und das ist unter Umständen ein langer Weg, auf dem sie viele Leben durchschreiten muss. Vimla beteuert unentwegt, dass ihr Leben nicht anders hätte aussehen können. Dass alles so sein sollte, wie es war und sie in jeder Lebenssituation nach ihren Empfindungen und Überzeugungen gehandelt habe. Dass ihre Enkeltochter Indu jedoch nie die Universität besucht hat wie sie und ihre Tochter, bedauert sie sehr. Und nach einem kurzen Moment der Besinnung bereut sie, dass sie nach dem Studium nicht weitergemacht hat. Aber im nächsten Augenblick relativiert sie ihren Gedanken sofort wieder, lässt ihre Hände einander begegnen und sagt zaghaft »Namaste« zu einer ihrer Parkbekanntschaften. Die Sonne verlässt uns, und Vimlas rechte Hand hat längst eine Faust gebildet, die ansagen soll, dass sie für heute ihre Runden gedreht hat. Zum Abschied gibt sie uns einen sanften Kuss auf die Stirn. Damit segnet sie uns. So viel hat sie lange nicht mehr über ihr Leben gesprochen. Es hat sie geschwächt. Sie wünscht sich für die nächsten Jahre doch nichts mehr, als Ruhe zu finden.

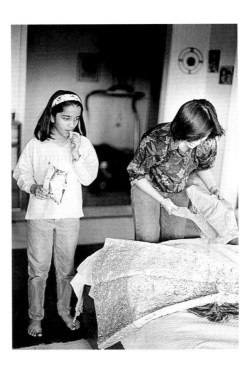

DIE NACHT MIT DER BOWLINGKUGEL

Von den vier Leben, die wieder einmal der Grund für eine Reise sind, scheint Indus Leben das normalste zu sein – zumindest im Verhältnis zum Leben ihrer Mutter und Großmutter, die beide mit großem Enthusiasmus ein Studium abgeschlossen haben. Aber was heißt schon normal? Indu ist alleinerziehende Mutter. Und das wiederum ist in Indien alles andere als normal. Indu lebt in einem Land, in dem noch heute viele Ehen arrangiert sind. Die Gründe dafür liegen in dem traditionsgebunden Gesetz, das festlegt, dass eine Mitgift durch die Frauen überbracht wird. Die Rate der Schwangerschaftsabbrüche steigt an, da die Familien befürchten, in den finanziellen Ruin zu geraten, wenn sie ein Mädchen zur Welt bringen. Aber auch die Zahl der Morde innerhalb der Ehen steigen an. Kleine Unfälle im Haushalt werden vorgetäuscht, damit die Männer sich durch eine zweite Heirat erneut bereichern können.

Wenn eine Frau wie Indu die freie Wahl hat, ihr Leben so zu gestalten, wie sie es für richtig hält, ist sie natürlich außerordentlich privilegiert, und das weiß sie auch zu schätzen.

»Ich habe diese überaus intellektuelle Mutter, die mir all die nötigen Freiräume gewährt hat und mir immer die Möglichkeit gab, meine eigene Balance zu finden. Ich war sogar damals die einzige aus meinem Freundeskreis, die ihren Freund mit nach Hause bringen durfte, um ihn besser kennenzulernen. Ich war also niemals wirklich unter Druck, weder familiär noch gesellschaftlich. Außerdem war meine Familie ein wenig wohlhabender, alle Frauen bei uns haben gute Schulen besucht. Ich bewege mich in einem Mikrokosmos und kann mich nicht ins Verhältnis zu allen Frauen dieses Landes setzen. Die Ungerechtigkeiten hier sind so groß, dass man sich entweder zurückziehen muss, ja sogar die Augen verschließt, oder für die Rechte der Frauen kämpft. Aber so bin ich leider nicht veranlagt.«

Das Hochzeitskleid einer indischen Frau wiegt einige Kilo. Die schweren Goldfäden knistern bei jeder Bewegung. Zum Schmuck tragen indische Frauen ein »Bindi« zwischen den Augen. Es steht ursprünglich für das dritte Auge, wird aber heutzutage als modisches Accessoire benutzt.

Während Indu damit beschäftigt ist, extra für uns ihr prächtiges Hochzeitskleid anzuziehen, das jetzt seit genau zehn Jahren im Schrank hängt und deutlich an Bedeutung verloren hat, denn sie hat sich vor zwei Jahren von ihrem Mann getrennt, formuliert sie die soeben geäußerten Gedanken bedächtig und ruhig. Sie nimmt sich die Zeit zum Nachdenken, schiebt kleine Redepausen ein, lässt sich nicht hetzen.

Indu legt gerade ihren Schleier an und kommt sich etwas albern dabei vor, denn ihre Haare sind kurz und passen nicht mehr zu der schüchternen Braut von damals.

»Eine Braut sollte immer auf den Boden sehen, voller Demut und Respekt vor dem Mann, so sagt man«, dabei lächelt sie und auch Aditi, ihre Tochter, die sich gerade eine ordentliche Portion Popcorn in den Mund schiebt. Sie ist entzückt, nie zuvor hat sie ihre Mutter in diesem Kleid gesehen.

»Mit der Hochzeit beginnt die Frau damit, ihren Scheitel tiefrot zu färben, damit sie von nun an als verheiratete Frau zu erkennen ist. Das muss ich ja wohl nicht mehr tun. Habe ich im übrigen auch nie. Irgendwann habe ich für mich entschieden, dass ich immer möglichst authentisch leben möchte, eben ganz nah bei mir selbst sein, um ehrlich durch die Welt zu gehen. An diesem Punkt ging meine Ehe auseinander. Mein Mann verwechselte meine Mutterrolle mit der traditionellen Frauenrolle und konnte nicht verstehen, dass ich eigene Interessen habe, nach denen ich mein Leben gestalten will.«

Nun ist sie fertig mit der Prozedur, sich und uns ein wenig in den Zustand von damals zu versetzen. Den aufwändigen Kopfschmuck erspart sie sich. »Kein Wunder, dass jede Braut auf den Boden schaut und sich nur zaghaft bewegt. Das alles ist so schwer am Körper, der Brokatstoff, der Schmuck, das Make-up, ausgelassen feiern kann damit keine Frau.«

Sie hat viel Distanz zu dem Ereignis von damals, nicht einmal ein Hauch von Sentimentalität befällt sie. Einzig der Anlass, uns und ihre Tochter zu beglücken, scheint ihr Spaß zu machen.

Wenig später sitzt sie wieder in Jeans und Sweatshirt auf ihrem Sofa. Sie erzählt uns, dass sie lange versucht hat, die Ehe aufrecht zu erhalten und für das Familienglück zu kämpfen. Doch am Ende verließen sie die Kräfte, und die Erleuchtung kam in einer Nacht in Chandigarh – genaugenommen beim Bowling.

Indu war verzweifelt und wusste, dass ihr letzter Ausweg ein Wochenende an dem Ort ihrer Kindheit sein würde. Damals lebte sie seit etwa fünf Jahren in Neu Delhi, und sie hatte das große Bedürfnis, endlich wieder einmal mit ihren alten Freundinnen ein paar Tage zu verbringen. Doch diese hatten am Tag ihrer Ankunft gerade eine Bowling-Bahn gemietet. Indu war enttäuscht, denn sie wollte schließlich über ihre Sorgen sprechen. Außerdem hatte sie noch nie etwas derartiges getan. »Bowling, ich mach mich doch nicht zu Affen, ich weiß gar nicht, wie das geht«, hatte sie resigniert erwidert, doch die Freundinnen überredeten sie, also ging sie mit.

»Hatte ich eine andere Chance? Ich war ja da, um mich abzulenken und eine andere Sicht auf meine verfahrene Situation zu werfen. Es ging los, und dann passierte etwas Sonderbares: Ich landete jedesmal einen Volltreffer. Sämtliche Lichter blinkten, wenn ich wieder einmal

alle Figuren von der Bildfläche verschwinden ließ. Wir kreischten hysterisch, und plötzlich wurde mir klar, dass ich seit Jahren nicht mehr richtig fröhlich gewesen war. Es war so schön, diese Nacht hat mein Leben verändert. Ich ging zurück und trennte mich Ich hatte meine Lebensfreude und besonders meine Unabhängigkeit wiedergefunden.

Für mich war zum Zeitpunkt meiner Hochzeit klar, dass die Ehe ein Bestandteil meines Lebens sein soll. Ich hatte das nie in Frage gestellt. Alle jungen Frauen heiraten in dem Alter.

Jetzt lebe ich hier als alleinerziehende Mutter und finde das ganz selbstverständlich. Vielleicht werde ich sogar irgendwann einmal anfangen zu studieren. Aber im Moment möchte ich mich selbst kennenlernen. Das ist in unserer modernen Gesellschaft ein Luxusgut geworden. Obgleich wir doch gerade in Indien eine jahrtausendealte Tradition mit der Lehre der Meditation haben. Die Identität eines Menschen wird heutzutage immer mit einem Beruf in Verbindung gebracht. Ich hingegen bin gerade damit beschäftigt, mich von derartigen Zwängen zu befreien.

Mein privates Glück schöpfe ich aus mir selbst. Ich lese viel, koche gerne, weil ich es kreativ und meditativ zugleich finde. Ich möchte Freude, Lust und Genuss in mein Leben bringen, um daraus zu schöpfen, und positive Impulse an die Menschen weitergeben, die mir nahestehen.«

Aditi ist etwas beschämt.
Sie entschuldigt sich für die
Unordnung auf ihrem Kosme-
tiktisch …

Als wir uns am Ende des Gesprächs über Visionen und mögliche Utopien unterhalten, nimmt sich Indu eine besonders lange Redepause. Dann antwortet sie:

»Für mich besteht die Aufgabe im Leben darin, die alt eingefahrenen Muster zu durchbrechen. Man sollte sich ständig selbst überprüfen und darf nie damit aufhören, an sich zu arbeiten. Ansonsten gerät man in einen Kreislauf und macht ständig dieselben Fehler. Vielleicht besteht meine Aufgabe darin, im Kleinen etwas zu verändern. Und da muss ich schließlich erst einmal bei mir selbst anfangen. Wenn meine Tochter davon profitiert, ist das schon ein großer Erfolg.«

Es muss schon spät in der Nacht sein, als wir das Haus verlassen. Die Kühe stehen immer noch selbstvergessen in der Gegend und suchen sich etwas Essbares in den Müllbergen am Straßenrand. Was für ein Leben für Heilige. Es ist ruhig in den Straßen Neu Delhis. Ein ungewohnter Anblick für eine Stadt, die führend in der Smog-Weltrangliste ist. Jetzt gibt es zum ersten Mal die Gelegenheit, hier und da einige Tempel wahrzunehmen, die versteckt zwischen den abgenutzten Hochhaussiedlungen stehen. Und mittendrin einige unbeleuchtete, schwarze Löcher, die darauf hinweisen, dass sich dahinter eine Parkanlage verbirgt. Die Ruhe während der Taxifahrt lässt den Gedanken etwas Raum. Eigenartig, dass man gerade dort, wo man es am wenigsten vermutet, auf Menschen trifft, mit denen man sich recht schnell verbunden fühlt. Als wir unsere Verwunderung darüber bei einem späteren Aber dessen zum Ausdruck bringen, erwidert jemand: »Ist doch klar, wir stammen eben alle von den Ariern ab.«

»Derartige Äußerungen kommen uns Deutschen nicht so selbstverständlich über die Lippen,« bemerken wir kurz und die Person lacht laut. »Wusstet ihr eigentlich, dass wir lange daran glaubten, dass Hitler unser Retter sei«, fährt sie fort, »denn schließlich kämpfte der ordentlich gegen die Engländer und das gefiel uns natürlich. Erst viel später erfuhren wir die ganze Wahrheit.«

Was ihr wollt – oder
How to be a New Delhi Mamsahib for one day

...Wie wir uns auch preisen mögen,
Sind unsre Neigungen doch wankelmüt'ger,
Unsichrer, schwanker, leichter her und hin
Als die der Fraun.
W. Shakespeare

»Sagt mir einfach, was ihr von mir wollt. Ihr wisst ja, um für 15 Minuten ein Star zu sein, dafür tue ich alles.«

Wieder sitzen wir mit Kiran im Auto. Und wieder amüsieren wir uns über die eigenartige Situation, die uns hier zusammen gebracht hat. Es ist Sonntag, und der Tag gehört uns ganz allein. Wir fahren durch die breit angelegten Alleestraßen Neu Delhis, des Delhi, das einst den Engländern gehörte, und das ist unverkennbar. Diese Gegend sagt: Uns gehört die Welt, und um das zu zeigen, nehmen wir uns allen Platz, den wir brauchen.

»Ich liebe dieses Viertel. Ich bin sowieso komplett kolonialisiert, alles was mir gefällt, habe ich von den Engländern gelernt. Die Gehirnwäsche hat bei mir perfekt funktioniert. Kommt, wir fahren am besten zuerst ins Imperial Hotel. Da kann man am besten sehen, wie herrlich der Kolonialismus war.« Sie nimmt das Steuer in die Hand und muss über den selbstironischen Einschub, der soeben aus ihr herausbrach, grinsen.

»Was ihr wollt!« Im großzügig angelegten Atrium sitzen wir nun bei einer Tasse Tee und genießen das, was mühsam erhalten wurde. Ein Indien, wie man es aus Filmen kennt: Korbstühle, englisches Tafelsilber, blütenweiße Tischtücher, beflissene Kellner ...

Kiran zeigt uns einen ihrer Lieblingsorte: das größte Multiplex-Kino Neu Delhis. »Hier verbringe ich viele Abende.«

Weil hier das Spiel mit der Zeit als gelungene Täuschung funktioniert, haben auch wir das Gefühl, dass uns nichts drängt. Wir können uns entspannen, und es ist beinahe so, als träfen wir uns jeden Sonntag hier zum Tee. Vielleicht ist es auch die ungewohnte Vertrautheit mit der zarten Person, deren Mund unentwegt in Bewegung ist. Vielleicht auch eine Bekanntschaft aus einem früheren Leben ..., wie jeder hierzulande ohne weiteres behaupten würde. Wer weiß das schon?

Jetzt führt uns der Weg erst einmal zurück nach Chandigarh, Kirans Geburtstadt. Chandigarh, das muss an dieser Stelle erwähnt werden, ist eine sehr außergewöhnliche Stadt und gar nicht

Von der bedeutenden Universität in Chandigarh zog Kiran in ein vom Verfall bedrohtes Bürohaus nach Neu Delhi.

so recht indisch. Chandigarh ist nach der Teilung von Indien und Pakistan im Jahr 1947 erbaut worden und bildet die nördliche Hauptstadt Punjabs. Indiens erster Ministerpräsident Nehru hatte folgende Idee: »Lassen Sie uns eine völlig neue Stadt erbauen, die die Freiheit Indiens, losgelöst von den Traditionen der Vergangenheit, symbolisiert; ein Symbol unseres uneingeschränkten Glaubens an die Zukunft.« Und so beauftragte Nehru den Architekten Le Corbusier. Bis ins kleinste Detail wurde alles geplant, eine Stadt, bestehend aus dreißig gleichmäßig großen Quadraten, konsequent nach westlichem Prinzip erbaut. Noch heute gilt die Stadt als umstrittenes Beispiel für eine am Schreibtisch konzipierte Lebenswelt.

»Ich bin dort geboren und habe mich sehr wohl gefühlt. Mir gefällt die Architektur und natürlich auch die Reibung, denn in diesem chaotischen Land ist es unmöglich, ein so präzise entworfenes Prinzip zu beleben. Selbstverständlich ist alles entglitten. Dort leben ja viel zu viele Menschen, die nicht alle in Häusern Platz finden – also sind die großzügigen Parkanlagen komplett überfüllt und die klare Ästhetik wurde sofort gebrochen.«

Das gefällt Kiran, denn nichts ist ihr lieber als kulturelle Zusammenkünfte, oder besser gesagt: Zusammenbrüche. Kirans gesamte Biografie ist schließlich von kulturellen Differenzen geprägt. Sie ist zunächst in eine christliche Klosterschule gegangen, danach in ein englisches Internat, später dann besuchte sie die angesehene Universität in Chandigarh, die sich dadurch auszeichnete, auch inhaltlich der modernen Architektur zu entsprechen und mit ihren progressiven Lehrmethoden warb.

Nicht zuletzt mit Kirans Unterstützung, denn sie lehrte zwanzig Jahre lang Englische Literatur des 17. Jahrhunderts. Schwerpunkt: William Shakespeare und seine postmoderne Rezeption. Eigentlich hatte sie sich gänzlich der Lehre verschrieben, es war ihr Lebensinhalt, ihre ganze Leidenschaft. Wäre da nicht die Sache mit ihrer Mutter dazwischengekommen, die vor zehn

Jahren ihren Mann verlor. Kiran fühlte sich dazu verpflichtet, sich von nun an um sie kümmern. Allerdings in Delhi, so lautete der Wunsch der Mutter. Also packte Kiran ihre tausend Bücher ein, bezog eine kleine Wohnung mit ihrer Mutter und fand einen neuen Job als PR-Frau in einem argentinischen Erdgasvertrieb.

»Zum ersten Mal in meinem Leben habe ich eine Ahnung davon bekommen, was Geld in dieser Welt bedeutet. Da redet man die ganze Zeit intellektuell über kommunistische Ideale, liest Brecht und plötzlich ist man mittendrin im Kapitalismus. Ich finde das sehr aufregend. Außerdem sind die argentinischen Männer unglaublich sexy – nur leider zu jung für mich.« Man möchte meinen, dies alles klingt nach einem klug ausgedachten Konstrukt, um die Grausamkeit des Lebens besser ertragen zu können. Doch in diesem Punkt ist auch Kiran ganz Hinduistin, die sich mit jeder neuen Lebenssituation arrangiert und diese positiv gestaltet. Wenn sie klagt, und das tut sie so gut wie nie, dann vielleicht über den Umstand, mit ihrer eigensinnigen Mutter eine Wohnung zu teilen. Wobei der Schwerpunkt auf dem Wort »eigensinnig« liegt.

»Wie ihr wisst, lebe ich mit dieser Frau nun seit vielen Jahren zusammen. Du kannst deine Mutter lieben, aber nicht unbedingt mögen. Es ist ein großes Glück, wenn beides zusammenfällt. In unserer Religion sagt man, dass jeder Mensch das bekommt, was die Seele zu einem bestimmten Zeitpunkt braucht. Ich bin nicht wirklich unglücklich. Meine Mutter ist eben mein Guru, und der kann auch mal zerstörerisch sein, um den Lernprozess anzuregen.«

Also, was Kiran zu ihrem Lebensglück bräuchte, wären die eigenen vier Wände, wie sie zugibt. »Nicht einmal ein Mann fehlt mir«, behauptet sie selbstbewusst und lehnt sich gelassen zurück. »Ich finde, damit fängt die wirkliche Emanzipation an, wenn man sich selbst genügt und sich nicht permanent auf ein männliches Gegenüber fixiert. Ich benötige nicht den Spiegel des anderen, um mir meiner selbst gewahr zu werden. Natürlich gibt es Sehnsüchte, aber selbst die sind trügerisch. Ich habe mich oft gefragt, wie meine Gefühlswelten funktionieren.

Kiran besucht oft die Bibliothek
im India International Center.
Hier findet sie Ruhe und viel
Nahrung für ihren Geist, der
niemals ruhen möchte.
»Ohne die Literatur würde ich
zugrunde gehen.«

Warum etwas, dass heute schön ist, sich morgen plötzlich schlecht anfühlt, obgleich es
dasselbe ist? Meine Erkenntnis: Alles eine
Frage der Hormone. Diese kleinen Dinger
bestimmen unser komplettes Leben. Ich habe
nach der Trennung von meinem damaligen
Mann niemanden mehr gefunden, mit dem
ich mir ein gemeinsames Leben hätte vorstellen können.«

Kirans Ehe kam nicht durch eine Liebesheirat zustande, sondern war arrangiert.
Unmittelbar nach der Hochzeit erfuhr sie,
dass ihr Mann eine andere Frau liebte.
Obwohl sie mit ihrer Tochter Indu schwanger war, zog sie es vor, ihn gehen zu lassen.

»Die meisten Männer sind schwach und
haben zu viel Angst davor, ihre Position zu
verlieren. Meiner Meinung nach ist das der Hauptgrund für die weltweite männliche Domi-
nanz, die überall gleich zu sein scheint. Deshalb hat Gott uns auch mit einem besonderen
Vorzug ausgestattet: Wir können multiple Orgasmen erleben. Das ist doch wunderbar. Diese
kleine Macht der Natur.« Der Kellner, der gerade damit beschäftigt ist, die Teetassen abzu-
räumen, zuckt bei Kirans laut formulierten Gedanken einmal kurz zusammen, doch die gute
alte Schule verbietet es ihm, preiszugeben, dass er gelauscht hat. Er wendet sich verschämt ab
und wir verlassen das gepflegte Ambiente.

links: Anupama Pammibahl, genannt »Pammi«, ist Kirans langjährigste Freundin. Sie ist Brahmanin, was bedeutet, dass sie der traditionell höchsten Kaste Indiens zugehört.
»Auch wenn in den Städten das Kastensystem längst durch die Macht des Geldes ersetzt wurde, spiele ich in meiner Ehe gerne meinen Status aus.
Wenn mein Mann mich ärgert, weise ich dezent darauf hin, dass er mir sowieso untersteht und eigentlich nichts zu sagen hat.«
Ihr tiefes, derbes Lachen wird von den feinen Damen des Golfclubs mit abwertenden Blicken quittiert.

Zurück ins Auto, dem Ort, der am besten zu Kirans Hyperaktivität passt.

Eine kleine Stadtrundfahrt folgt. Vorbei an ihren Lieblingsorten: dem Multiplex-Kino, dem Sonntagsmarkt und selbstverständlich dem New Delhi Golf-Club.

Hier sitzen sie alle, die wunderbaren New Delhi Mamsahibs und führen lässig ihre neuesten Prada-Kollektionen vor. Allerdings beschränkt sich die Präsentation ausschließlich auf Handtaschen, Schuhe und Sonnenbrillen, die deutlich mit dem Logo versehen sind, denn am Körper tragen sie immer noch

ihren Sari, natürlich aus Chiffon. »Ich liebe diese Fashion-Show«, gesteht uns Kiran euphorisch und hält vor den Toren, um uns einen Einblick zu gewähren.

»Es ist wie mit der Boulevard-Presse. Ich habe das ganze Leben von Lady Diana verfolgt. Eine großartige Trägödie. Und was ist schon Wahrheit? Ich brauche diese Art der Flucht«, gesteht die Shakespeare-Spezialistin, die weiß, wovon sie spricht. Und bei diesen Worten überfällt sie eine für uns ungewohnte Bedächtigkeit. Lange hält sie diesen ruhigen Moment jedoch nicht aus. Sie zaubert sofort wieder eine ihrer ironischen Spitzen aus der Tasche, diesmal sie selbst betreffend, darin ist sie Meisterin: »Ich möchte auch das Leben einer New Delhi Mamsahib führen.«

Und in allen nur erdenklichen Farben schildert sie uns ihren fiktiven Lebensentwurf, natürlich an der Seite eines wohlhabenden Maharajas. Dann lacht sie ein letztes Mal, bevor wir uns verabschieden. »Was wäre das Leben ohne Humor? Genügend Tragik bietet es uns allemal.«

Wachleute vor der Schule sorgen für Sicherheit.
Entführungen von Kindern wohlhabender Eltern sind in Delhi durchaus zu befürchten.

Hilfe, es ist Examen

Eines Morgens ist auf der Titelseite der »Hinduistian Times« folgendes Bild zu sehen: Mütter, die vor den Toren der Schule stehen und mit verzehrtem Gesichtsausdruck ihren Sprösslingen nachsehen. »Was ist denn da los?«, fragen wir uns und lesen die Bildunterschrift. Da steht geschrieben: »Angst in den Augen der Mütter. Das Examen beginnt.« Bald erfahren wir mehr über die Massenhysterie, die über das Land hereingebrochen ist.

Aditi steht auch kurz vor ihren Prüfungen und sitzt täglich tapfer am Schreibtisch, um sich vorzubereiten. Kinderterror? »Nein, nein«, besänftigt uns Indu. »Das ist hier einmal im Jahr so. Mittlerweile beinahe eine Art Ritual. Die Mütter sind ängstlicher als die meisten Kinder, obgleich sich der Druck oft auf die Kleinen überträgt.‹

Indu gibt sich viel Mühe, ihre Tochter zu beruhigen. »Mit diesen Examensprüfungen werden die Kinder in die jeweils nächste Stufe versetzt. Wir haben ein schlechtes Bildungssystem. Die staatlichen Schulen sind miserabel, also versucht jeder, den Großteil des Erwerbs für die Schulgelder zusammenzusparen. Das System ist hier nämlich anders als in den meisten Ländern der Welt. Die guten Schulen sind irrsinnig teuer, während die Universitäten kostenlos sind. Deshalb sind alle Eltern erleichtert, wenn die Kinder mit der Schule fertig sind und reibungslos da durchkommen. Daher die Panik.«

Aditi, die gerade erst neun Jahre alt geworden ist, will von alledem noch nichts wissen. Ihr ist das ganze Tamtam selber zu dumm und sie konzentriert sich mehr auf *Holi*, die bevorstehenden Festtage, die so eine Art Karneval sind und an denen alle Menschen auf der Straße sich mit Farbpulver bewerfen. Aditi hat schon einige Tüten Farbe gekauft. Pink gefällt ihr am besten. Sie denkt noch gar nicht so weit, ob sie später einmal die Universität besuchen möchte. Auch Indu mag ihre Tochter noch nicht mit derartigen Gedanken belasten.

Aditis Zukunftspläne sind noch ungewiss. Im Moment möchte sie am liebsten Computer-Expertin werden.

»Als ich mit Aditi schwanger war, habe ich mir immer gewünscht, dass sie so wird wie meine Mutter. Ich schätze ihr Temperament, ihren Intellekt, ihren Humor, ich habe so viel von ihr gelernt. Ich kann sagen, dass ich meine Mutter sowohl liebe, mit all dem Selbstverständnis zwischen Mutter und Tochter, aber auch sehr, sehr mag.«

Mit dem Ende der Examensarbeiten kommt auch unser Abschied näher, und so gibt es zwei gute Gründe, den letzten Abend gemeinsam zu verbringen. Indu kocht, Aditi deckt den Tisch, und Kiran reicht uns Drinks. Vimla ist bereits zu Bett gegangen. Vier Frauen unter einem Dach, in einem Mietshaus auf zwei Wohnungen verteilt. Wir verbringen einen ausgelassenen Abend miteinander. In den letzten Wochen sind wir uns sehr nah gekommen.

Ein französischer Religionswissenschaftler soll einmal gesagt haben:
»Die Wüste ist monotheistisch, denn nur in der Wüste konnte sich der Glaube an einen Gott entwickeln.« Hier bestand keine Gelegenheit, die Götter der Natur, der Pflanzen und Tiere anzubeten, wie in den meisten polytheistischen Religionen, etwa im Buddhismus, Shintoismus oder Hinduismus; Religionen, die in Gebieten entstanden sind, in denen eine üppige Vegetation und vielfältige Tierwelt den Glauben an viele Götter begünstigte.
Er hatte wohl Recht. Die Reise nach Indien hat uns völlig neue Lebenswelten eröffnet. Immerhin darf man hier ohne weiteres behaupten, dass zum Beispiel ein Stein der angebetete Gott ist, und niemand zweifelt am Wahrheitsgehalt dieser Aussage. Denn Wahrheiten gibt es hier so viele, wie es Menschen gibt. Eine Weisheit, die in Indien seit Jahrtausenden besteht.

USA, *Los Angeles*

Martha, 88
Linda, 59
Susan, 38; Katherine, 42
Kristen, 8; Anna Lisa, 7

ES WAR EINMAL IN AMERIKA

Halt. Der Vollständigkeit halber muss anders begonnen werden. Es war einmal ein kleiner Junge in Irland, der hatte keinen Vater und keine Mutter mehr. Schlecht behandelt von seinen Adoptiveltern, beschloss er eines Nachts, die Reise über den großen Ozean anzutreten. Als blinder Passagier versteckte er sich auf einem der Schiffe, die er seit langer Zeit schon beobachtet hatte. AMERIKA hieß das Zauberwort – was auch immer sich dahinter verbergen sollte.

Wochen später erreichte er den Hafen von New York. Er schlug sich tapfer durch, wurde ein stolzer junger Mann, fand eine schöne Frau, zeugte sechs Kinder mit ihr, die, wie die Legende besagt, alle das College besuchten und ehrenwerte Bürger der Stadt wurden.

Los Angeles, Sunset Boulevard, Hollywood. Uns gegenüber sitzt Martha Lang im »Musso & Frank«, dem ältesten *Diner* der Stadt. Sie erinnert sich noch gut daran, wie sie an einigen Sonntagen hier ihre *Sundae*-Eisbecher genoss. Das muss ungefähr vor vierzig Jahren gewesen sein. Die vielen Filmsternchen, deren Namen im Beton verewigt sind und heute von Touristen plattgetreten werden, gingen damals hier ein und aus. Doch der Hollywood-Trubel lässt Martha kalt.

Er gehört zu ihrem Alltag. Ihr Los Angeles sieht anders aus. Das hat nichts mit den üblichen Attraktionen zu tun, das heißt, bis auf eine: Disneyworld, der schönste Ort der Welt für Martha Lang. Heute gibt es leider keine Zeit für einen Besuch im Vergnügungspark, denn sie erzählt uns ihre Geschichte. Martha kennt viele »Es war einmal-Geschichten«.

Die ihrer eigenen Familie beginnt in Irland. So wie viele amerikanische Geschichten. Martha wuchs in irgendwo Iowa auf, wie schon ihr Vater und ihr Großvater. Was genau den ehrenwerten New Yorker Bürger, also ihren Urgroßvater, dazu bewegte, ausgerechnet nach Iowa zu gehen, will Martha nicht verstehen. Sie selbst wäre gerne in New York aufgewachsen, zumindest den schwärmerischen Berichten zufolge, die sie hin und wieder in ihre Erzählungen einflicht.

Das Leben der heute 88-Jährigen begann also auf dem Land, dort, wo der Vater kleine Bibeln in den benachbarten Dörfern verkaufte. Weite Wege soll er gegangen sein und reich konnte er damit auch nicht werden, doch sein starker Wille und die täglichen Gebete erhielten ihm die gute Laune, so berichtet uns Martha, die ebenfalls ein Lied vom vielen Gehen singen kann. Unvergessen sind die Erinnerungen an den unerträglich langen Schulweg, der besonders an den kalten Wintertagen nie enden wollte. Aber es gab Hoffnung, zumindest in ihren Zukunftsträumen, die sie sich, wenn der Weg wieder einmal allzu beschwerlich wurde, immer in den schönsten Bildern ausmalte.

Es sollte einmal besser werden, das wusste sie genau. Und ihre Starrköpfigkeit stellte sie täglich unter Beweis, besonders wenn sie ihrem strengen Vater trotzte, der ihr verbot, mit den großen, wilden Pferden auszureiten. Energisch setzte sie sich darüber hinweg und tat, was sie für richtig hielt. Manchmal landete sie im Moor. Egal! sagte sich das tollkühne kleine Mädchen mit den Korkenzieherlocken und tat es wieder. Und wieder.

Martha und ihre Freundin March sind völlig unbeeindruckt vom Spiel der Reichen und Schönen ihrer Stadt. Sie meiden es daher, die Viertel in und um Hollywood aufzusuchen. Martha: »Das ganze Affentheater habe ich noch nie wirklich verstanden.«

Bis Martha in das Alter kam, in dem sie abenteuerliche Ausritte durch romantische Rollschuhbahn-Abende ersetzte. Und genau dort trat Herb in ihr Leben, Herbert Lang, ihre große Liebe. Einer ihrer Träume wurde wahr. Wäre da nicht die lästige Depression gewesen, die die amerikanische Wirtschaft und somit auch Marthas Pläne schwer beeinträchtigte.

Im Musso & Frank ist es still geworden. Wir sind die letzten Gäste an diesem Nachmittag. Der Besitzer hat das Licht gedimmt und es ist annähernd finster. Wir betrachten die halbrunden Ledersessel in ihrem schweren roten Farbton, die alten Holztische und die durchgelaufenen Dielen. Wahrscheinlich ist alles noch so wie damals, als sich die düsteren Zeiten im Land ausbreiteten. Die Rechnung kommt. Der Kellner bedeutet uns, den Hinterausgang zu nehmen. Vorbei an den alten Fotos der berühmten Schwarzweiss-Stars, die mit Liebeserklärungen bekritzelt sind, adressiert an Musso & Frank, die ersten Besitzer.

Auf dem Parkplatz blendet uns das Tageslicht und ein anderes Leben beginnt. Wenn schon nicht Disneyworld, dann doch zumindest eine ordentlich organisierte Stadtrundfahrt, findet Martha, und ihre beste Freundin March, die unsere ständige Begleiterin ist, stimmt freudig zu. Die erste Station ist »Hollywood Bowl«, eine großzügig angelegte Freilichtbühne.

»It Started on a Shoestring and a Prayer«, zwinkert Martha uns zu, während sie auf die hinteren Reihen der Besuchertribüne zeigt. »Dort oben haben wir einmal angefangen, wir standen in der letzten Reihe, um ein Konzert von Frank Sinatra zu sehen. Heute gehört uns diese Loge hier«, flüstert sie uns leise ins Ohr. Der Touristenführer steht direkt hinter Martha und macht aus den eben gewonnenen Informationen eine große Show. Gerade hatte er den restlichen Touristen erzählt, was eine Loge hier kostet. Martha wendet sich beschämt ab.

Sie hakt sich bei uns ein und beginnt, dort fortzufahren, wo sie vor einer Stunde aufgehört hatte.

»Herb war Buchhalter, doch er konnte seinen Beruf nicht ausüben. In Iowa gab es keine Arbeit, und so nahmen wir dankbar ein Angebot in Los Angeles an. Wir hängten einen kleinen Anhänger hinter unseren dicken alten Buick und los ging's. Marthann, unsere erste Tochter, war gerade dreizehn Monate alt und ich im neunten Monat schwanger. Das war ein großes Abenteuer. Obwohl wir ständig die Reifen unseres Anhängers verloren, haben wir viel gelacht und sangen lauthals unsere Lieder.

Ich spürte, dass der Zeitpunkt gekommen war, den ich während meiner langen Schulwege so sehr herbeigesehnt hatte. Ich verlor nicht einmal meinen Humor, als plötzlich irgendwo in der Wüste die Wehen einsetzten. Herb gab kräftig Gas. Er hatte nur eins im Sinn: Oklahoma zu verlassen. Sein Kind sollte kein Oakie werden.

Er schaffte es knapp. Kurz nachdem wir endlich die texanische Grenze erreicht hatten, wurde es wirklich ernst. Wir fuhren das erste Krankenhaus an, doch außer einer Hebamme war niemand da. Herb musste also den fehlenden Arzt ersetzen, und das machte er wirklich gut. Linda wurde geboren. Als wir endlich mit unseren zwei Kindern Los Angeles erreichten, sah es hier noch ganz dörflich aus. Wir wollten ans Meer und suchten uns ein kleines Apartment in Santa Monica.

Die christliche Religionsgemeinschaft der Adventisten wurde im Jahr 1831 in Nordamerika gegründet. Im Unterschied zu den Anhängern des Neuen Testaments erwarten die Adventisten die baldige Wiederkehr Christi, vertreten die Erwachsenentaufe und feiern den Sabbat.

Es hatte ein Zimmer, ein Bad, eine Kochecke. Wir fanden es romantisch. Mein Mann ging von nun an in sein neues Büro, und ich kümmerte mich um die beiden Babies. Die ersten Tage hatte ich noch Freude daran, aber schrecklicherweise regnete es unentwegt. Es regnete und regnete und regnete. Tagelang. Wochenlang. Zuerst war mir nur langweilig, doch ich glaube, ich wurde etwas schwermütig. Wer hat eigentlich behauptet, dass es in Kalifornien niemals regnet?«

CITY OF ANGELS

Martha und March haben große Freude daran, sich mit uns wie Touristinnen zu benehmen. Die Fahrt im kleinen Bus geht durch Downtown L.A. mit seinen verspiegelten Hochhausfassaden. Doch Martha und March scheinen uns etwas anderes zeigen zu wollen, während die wohltemperierte Stimme des Touristenführers durch den Lautsprecher hallt. Immerzu zwicken sie uns in den Arm, wenn wir eine der berühmten Brücken überqueren. Ihre Hauptaufmerksamkeit gilt den Obdachlosen, die ihrer Meinung nach zu den sehenswerten Dingen von Los Angeles gehören. Verlegen wie kleine Mädchen deuten sie auf die düsteren Betonhöhlen. »Dort leben die gefallenen Engel«, rufen sie leise. Wir fahren weiter. Vorbei an Little Tokio, Chinatown,

dem Mexikanischen Viertel. Jetzt sprechen die beiden Freundinnen voller Hingabe von all den internationalen Köstlichkeiten die es hier an jeder Ecke gibt. Im unteren Teil von Hollywood sind die großen weißen Buchstaben auf den grünen Hügeln besonders gut zu sehen. Unser Führer gerät in Fahrt. Rodeo Drive, hier das Hotel, in dem Pretty Woman gedreht wurde, da das Krankenhaus, in dem Madonna ihr erstes Kind zur Welt brachte dort wohnt Eddy Murphy, da hinten das Haus, in dem Frank Sinatra lebte, und da die Straße aus dem Horror-Film »Halloween« ... Filme, Gesichter, Melodien. Plötzlich decken sich die künstlichen Bilder mit den echten. Es gibt doch ein richtiges Leben im falschen.

Ein kurzer Blick auf unsere zwei Golden Girls macht deutlich, dass diese Medienereignisse sie völlig kalt lassen. Ihr Interesse gilt dem heutigen Scrabble-Abend. Nach einer kurzen Strecke landen wir unerwartet auf einem Parkplatz in der Fairfax Avenue. Wir müssen aussteigen. Farmers Market. Eine geschlossene Markthalle mit vielen kleinen Imbiss-Ständen wartet auf uns. »Hier ist mein Lieblingsort«, flüstert Martha bedächtig und bestellt ein Fischbrötchen. »Es sind die vielen unterschiedlichen Menschen, die mich heiter stimmen. Hierher kommen alle. Ungeachtet der sozialen Klasse, Hautfarbe oder Religion. Ich war ziemlich froh, als ich diesen Platz damals für mich entdeckte. Meine Schwermut wollte nicht verschwinden und ich musste etwas tun. Vielleicht war es sogar hier, als ich die Idee bekam, an die Universität zu gehen. An der UCLA machte ich eine Ausbildung zur Krankenschwester. Es war meine Rettung. Wir konnten uns bald eine kleine Wohnung in Santa Monica leisten.

Und dann kam der Moment, der unser Leben veränderte. Eigentlich durch einen Zufall. Gibt es überhaupt Zufälle? Eine ältere Frau aus der Nachbarschaft erkrankte. Weil sie keine Verwandten in der näheren Umgebung hatte, nahmen wir sie bei uns auf und pflegten sie.

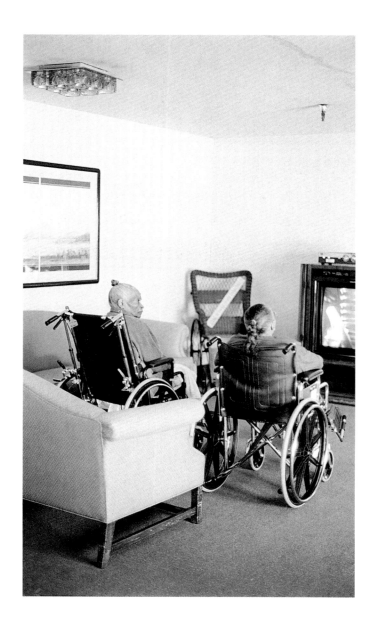

Es machte mir großen Spaß, außerdem konnten wir uns ein paar Pennies dazuverdienen. Nach wenigen Monaten hatten wir acht Patienten in unserem Wohnzimmer. Die beiden Mädchen waren noch klein und zogen zu uns ins Schlafzimmer. Unser erstes kleines Unternehmen war geboren. Doch dann kam der Krieg und Herb wurde nach Chicago versetzt. Die Familie ging mit ihm und unsere kleine Pflegestation wurde aufgelöst.« Martha knabbert genussvoll an ihrem Fischbrötchen. March, die das Leben ihrer besten Freundin beinahe so gut kennt wie ihr eigenes, spricht schnell weiter.

»Als die Langs nach dem Ende des Krieges aus Chicago zurückkehrten, zogen sie nach Long Beach. Da haben wir uns kennengelernt. Dann ging alles wie im Flug. Nach wenigen Monaten hatten sie so viele pflegebedürftige alte Menschen in ihr Haus geholt, dass sie samt Klavier in die Garage umziehen mussten. Wir Nachbarn machten manchmal Witze, aber wir hatten auch ganz schön viel Achtung vor ihnen. Martha war schon immer so mutig und energisch. Wenn sie sich etwas in den Kopf setzt, dann muss es geschehen. Ein ›Nein‹ gibt es für sie nicht.«

Martha kneift March in den Arm. »Deshalb musst du heute abend auch mit mir Scrabble spielen.« March protestiert aus Prinzip, doch sie weiß, dass es zwecklos ist und sie in wenigen Stunden an Marthas kleinem Küchentisch sitzen und bis zum Morgengrauen viele Wörter gebildet haben wird.

In allem, was Martha tut, ist sie sehr bescheiden. Statussymbole, die Rang und Namen zum Ausdruck bringen sollen, sind ihr ein Greuel. Doch bei einer Sache im Leben kann sie sich, so sehr sie es auch versucht, nicht zurückhalten: Spazierfahrten im schwarzen Lincoln, den sie im klassischen Cartier-Design besitzt.

Martha tröstet ihre arme Freundin, deren Widerstand kläglich gescheitert ist. Um abzulenken, erzählt sie schnell weiter und March schmunzelt.

»Wir gründeten eines der ersten Altersheime der Vereinigten Staaten. Schon bald mussten wir uns mit der Regierung in Verbindung setzen, Gesetze formulieren und staatliche Hilfe beantragen. Ich erinnere mich noch gut daran, wie ein hoher Beamter zu uns kam, um die Anzahl der Betten zu überprüfen. Damals hatten wir vierundzwanzig Patienten bei uns im Haus. Ein weiteres Bett wurde immer hinter dem Klavier versteckt – für Notfälle. Das durfte er nicht sehen.«

Von den Fischbrötchen sind nur noch Gräten übrig. Wir müssen uns beeilen, sonst verpassen wir den Bus. Endstation Sunset Boulevard. Dort steigen wir um in Marthas Lincoln, der uns zurück nach Santa Monica fährt. Dorthin, wo alles angefangen hatte. Beim Abschied will sie auch uns zum Scrabblespielen überreden, aber wir sind, im Gegensatz zu unseren beiden Begleiterinnen, viel zu müde. Martha ist hartnäckig, doch das Argument, dass wir uns morgen früh mit dem Rest ihrer Familie verabredet haben, überzeugt sie.

DIE LANG-DYNASTIE

Am nächsten Morgen sitzen wir mit Linda, die von ihrem Vater davor bewahrt wurde, ein Oakie zu werden, im Auto. Wir fahren zum Flughafen, um ihre Tochter Susan und ihre Enkeltochter Kristen abzuholen. Im Autoradio läuft »Music« von Madonna, Linda summt leise mit.

»Dort drüben, seht ihr dieses riesige Gelände? Das ist das Grundstück, um das Spielberg gerade kämpft. Aber ich glaube, er wird es nicht bekommen. Die Anwohner sind dagegen.« Über uns bewegen sich die schweren Körper der im Sekundentakt landenden und startenden Flugzeuge. Susans Maschine ist soeben gelandet. Bald steht eine blonde Frau vor uns, neben ihr ein Kinderwagen, der vorsichtig von der achtjährigen Kristen geschoben wird. Susan lebt

mit ihrer Familie seit vier Jahren in Oregon. Sie arbeitet von dort aus für den Familienbetrieb und reist einmal im Monat nach L.A.

Wir machen uns schnell auf den Weg. Katherine, Lindas ältere Tochter, wartet schon im Haus der Mutter. Sie lebt in der Nähe von San Francisco und kommt ebenfalls der Arbeit wegen ein- bis zweimal im Monat nach Hause. Der Weg führt uns durch Palmenalleen entlang der Küste, vorbei an Joggern, die sich sehr professionell aussehend durch die gepflegten Parkanlagen bewegen.

»Die kommen langsam alle zum Beach«, klagt Susan. Wir entdecken kleine Gruppen von Landstreichern, die angepasst an ihre strahlende Umgebung gemütlich in der Sonne liegen und genussvoll einen guten Tropfen zu sich nehmen.

»Ich finde, dass niemand obdachlos sein müsste. Jeder Mensch kann irgendeine Arbeit annehmen.« Kristen beobachtet ihre laut denkende Mutter mit ernsthafter Mine. Ihr kleiner Bruder Josh schläft auf ihrem Arm. Wir erreichen Lindas Haus in Palisades Beach, kurz vor Malibu. Wir gehen ins Haus und werden von Katherine, Anna-Lisa und den zwei Jungen empfangen.

»Ich denke, ich habe schon damals geahnt, dass ein Flughafen eine Art spirituelle Dreh-
scheibe ist: Man kommt als die
eine Person an und geht als
eine andere.«

Pico Iyer

Katherine sieht angespannt aus. Ihr gerade erst fünfzehn Jahre alter Sohn durfte heute erstmals die ganze Strecke alleine fahren. »Er hat es wirklich gut gemacht. Aber ich hatte ganz schön Angst.« Nach einer kurzen Begegnung im Haus werden die Kinder schnell unruhig. Wir gehen auf die Straße und laufen zum Kinderspielplatz. Hier am Meer haben Lindas Töchter ihre Kindheit verbracht. Noch immer fühlen sie sich ganz heimisch.

Susan spricht mit ihrer Schwester über die bevorstehende Präsidentschaftswahl. Linda mischt sich ein. Offensichtlich sind die drei unterschiedlicher Meinung. Susan beendet die hitzige Diskussion sehr diplomatisch, indem sie sich uns zuwendet. »Innerhalb der Familie gibt es kontroverse Ansichten über die Wahl. Ich persönlich werde, wie meine Großmutter, George Bush wählen. Von Clinton bin ich sehr enttäuscht. Was sollen wir einmal unseren Kindern erzählen, wenn sie das alles erfahren? Jemand, der eine solche Position einnimmt, hat keinen Anspruch mehr auf den Schutz seines Privatlebens. Deshalb fand ich die Offenbarung der Medien völlig angemessen. Am meisten hat mich seine Lüge geärgert. Damit hat er unser Vertrauen missbraucht. O.K., Bush ist nicht der Intelligenteste, aber was soll er schon groß anrichten. Ich verlasse mich auf seine engsten Vertrauten und deren Kompetenz.«

Linda und Katherine sind schon mit den Kindern auf dem Spielplatz. »Hier könnt ihr jede Menge Celebrities sehen,

Martha hat ihr kleines Häuschen in Lynwood nie verlassen. »Ich habe keine Angst. Mein Haus ist gesichert wie Fort Knox.«

In Lindas Wohnzimmer im Haus direkt am Strand von Palisades Beach.
Linda beschreibt ihr Lebensgefühl: »Die Reichen wohnen in Beverly Hills, die Filmstars in Malibu, die Glücklichen in Palisades.«

die kommen alle sonntags mit ihren Kindern her. Der einzige Tag, an dem sie nicht ihre Nannies schicken«, ruft Linda uns zu. Anstatt sie zu suchen, erhalten wir uns lieber die Illusion, in so unmittelbarer Nähe zu ihnen sein. Die zwei Schwestern beobachten ihre Töchter und tauschen Erfahrungen aus. Kristen besucht seit einiger Zeit eine Waldorf-Schule und ist

deshalb häufiger im Mittelpunkt der Gespräche. Katherine erkundigt sich ausgiebig bei Susan über das System, die Kosten und stellt die Gewissensfrage: Sind die sehr dogmatisch? Susan befürwortet die, wie sie sagt, wertkonservative Haltung, den Verzicht auf Fernsehen, die moralischen Erziehungsgrundsätze. Katherine ist noch zögerlich mit ihrer Entscheidung, obgleich auch sie generell eine Befürworterin dieses Schulsystems ist. Sie habe nämlich selber immer Probleme in der Schule gehabt.

»Oh ja,« sagt Linda und erinnert an die Tage, an denen Katherine oft wochenlang heimlich die Schule geschwänzt hat. »Es war nach der Scheidung von meinem ersten Mann. Ich habe sehr viel arbeiten müssen. Heute gestehe ich mir ein, dass ich die Kinder vernachlässigt habe. Aber damals war ich mit der Situation ziemlich überfordert.« Anna-Lisa und Kristen haben Hunger, also entscheiden wir schnell, ein italienisches Restaurant aufzusuchen, bevor die Stimmung sinkt. Die Kinder sind müde und wir trennen uns für heute.

Es ist Samstag. Samstage sind für Martha besondere Tage. Sie ist Adventistin, und da ist der Samstag heilig, wie es im Alten Testament geschrieben steht. Nach der Kirche fährt sie normalerweise raus nach Pasadena, in eines ihrer Altersheime, genaugenommen das erste große Heim der Lang-Familie, das sie heute zusammen mit ihrer ältesten Tochter Marthann leitet.

Zu Pizza und Pasta erzählt Linda eine kleine Geschichte: »Als wir drei Mädchen ins heiratsfähige Alter kamen, war die Familie ziemlich arm. Die erste Tochter bekam das Kleid vom Vater geschenkt, bei der zweiten war er dann nicht mehr so großzügig und fand, sie solle das Kleid der Schwester tragen. Überhaupt war mein Vater sehr puristisch und hasste Verschwendung. Da machten wir aus der Not eine Tugend und beschlossen, dass jede der Frauen aus der Familie von nun an dieses Kleid zu ihrer Hochzeit tragen soll – vorausgesetzt, es fällt nicht auseinander. So hat es uns drei Schwestern gedient und fünf von unseren Töchtern.

Ein wandelndes Hochzeitskleid, das so viele verschiedene Feste erlebt hat. Und wenn nicht mir, so hat es doch zumindest meinen beiden Töchtern hier viel Glück gebracht.« Die beiden lachen und bestätigen uns ihr Eheglück. »Unsere Männer sind sehr fortschrittlich. Wir mussten nie für unsere Rechte kämpfen. Da wir Frauen immer berufstätig waren, haben wir uns alle Aufgaben geteilt. Die Männer sind großartig mit den Kindern.« »Und außerdem«, ergänzt Katherine, »ist mein Mann nie so besonders karriereorientiert gewesen. Ein gutes Leben und die Familie waren ihm immer viel wichtiger. Wir kommen aus einer Familie, in der die Männer den Frauen immer geholfen haben. Mein Großvater hat schon die Windeln seiner Töchter gewechselt und Martha viel Arbeit abgenommen. Wir hätten uns gar keine anderen Männer ausgesucht.«

Martha fühlt sich gesund und findet nicht, dass sie Marthann schon alleine die Leitung überlassen kann. Heute fährt sie nach der Kirche ausnahmsweise nach Lynwood, dem Hauptquatier des Lang-Imperiums, mit allen Büroräumen, von denen aus die Pflegeheime mit den dazugehörigen dreihundert Angestellten organisiert werden. Martha ist mit ihren Kindern zur Besprechung verabredet.

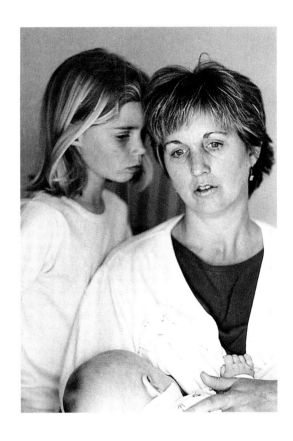

Keine gemütliche Gegend. Beim Verlassen des Freeways ertönt das laute Klicken der Türverriegelung, die kommentarlos von Linda aktiviert wird. Polizisten fahren auf Motorrädern durch die mehrspurigen Straßen. Aus verschiedenen Richtungen ertönen Polizeisirenen. Wir befinden uns unweit von Compton, einem Viertel mit überwiegend afroamerikanischer Bevölkerung. Im Büro erzählt Linda, wie sie im Jahr 1992 Zeugin von Straßenkämpfen, den sogenannten »Riots«, wurde. »Ich erinnere mich noch gut. Angefangen hat alles im Jahr 1991, als Rodney King, ein schwarzer Amerikaner, wegen angeblicher Geschwindigkeitsübertretung angehalten wurde. Zufällig hat ein Amateurfilmer die ganze Szene aufgenommen. In dem später landesweit ausgestrahlten Ausschnitt war zu sehen, wie vier Polizisten den schon am Boden Liegenden misshandeln. Nachdem die vier angeklagten Polizisten im April 1992 freigesprochen wurden, brach in den von Schwarzen bewohnten Vierteln fast ein kleiner Bürgerkrieg aus«, berichtet uns

Mindestens einmal in der Woche besucht Linda ihre Einrichtungen und schaut nach dem Rechten. Die Nähe zu den Patienten ist ihr sehr wichtig.

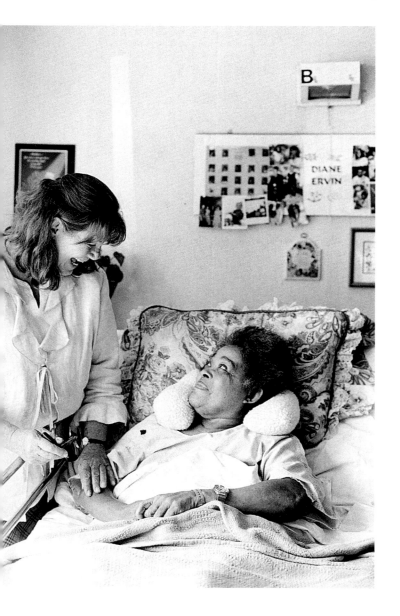

Linda gelassen, während sie die Post der letzten zwei Tage durchsieht. »Damals bin ich täglich dort gewesen, es war nur wenige Straßen von hier entfernt, und habe beobachtet, wie die schwarzen Jugendlichen rebellierten. Ich entwickelte sogar Sympathien für sie. Es war längst nötig, dass sich die Leute wehren. Die Polizei in L.A. ist im ganzen Land dafür bekannt, dass sie oft willkürlich handelt. Und was mit Rodney King passierte, war ein eindeutig rassistischer Akt.«

Martha tritt ein und zeigt uns erst einmal die riesige Alarmanlage vor der Außentür. Inzwischen hat Linda ihr Geschäftsfrauengesicht aufgelegt. Seit Martha sich mehr und mehr zurückzieht, hat ihre Tochter das eigene Aufgabenfeld erweitert. Sie hat einige Pflegeheime in ihrer Obhut, die sie nicht nur logistisch verwaltet, sondern auch täglich besucht, um nach dem Rechten zu schauen. »Der Kontakt zu den Pflegern und Patienten ist mir sehr wichtig.«

Seit sie das Pflegeheim ihrer Mutter in Lynwood übernommen, bzw. gekauft hat, entschied sie, neben den pflegebedürftigen älteren Menschen auch geistig und körperlich Behinderte aufzunehmen. Für diese Menschen gebe es ebenfalls wenig soziale Einrichtungen im Land, klagt sie. Doch die Behinderten benötigen eine besondere Pflege und individuelle Therapien, weshalb Linda dafür sorgt, sie in kleinen Wohngruppen unterzubringen.

Nebenan in Marthas Büro gibt es eine kleine Auseinandersetzung. Mit versteinerter Miene kommt Katherine leise schimpfend in die

kleine Kaffeeküche. »Meine Großmutter ist so dominant. Sie kann sich einfach nicht zurück-ziehen. Alles will sie besser wissen. Dabei arbeiten wir schon seit Jahren für sie.«

Susan, die ihr folgt, lächelt höflich und erklärt die Situation. »Wir arbeiten online, am Com-puter. Das ist eigentlich sehr praktisch. In regelmäßigen Abständen treffen wir uns jedoch, um aktuelle Ereignisse zu besprechen. Heute ist einer die-ser Tage. Wahrscheinlich könnten wir niemals täglich miteinander in diesem Büro arbeiten, aber das müssen wir ja auch nicht. Außerdem hat jede von uns ihren eigenen Arbeitsbereich. Meine Schwester macht die Buchhal-tung und ich die Steuern. Wir ergänzen uns perfekt. Und wenn ich zurückblicke, so haben wir schon als Kin-der damit angefangen, für diesen Betrieb zu arbeiten. Meine Schwester hat als junges Mädchen mit meinem Großvater die Buchhaltung gemacht. Nach unserer Aus-bildung haben wir zwar zunächst für andere Firmen gearbeitet, sind dann aber doch in den Familienbetrieb zurückgekehrt. Ich glaube nicht, dass wir alles aus purem Pragmatismus entschieden haben. Der Familienbetrieb bedeutet uns viel.«

Im Vergleich zu Martha, Linda und Susan, die sich sou-verän verhalten, platzt das Unbehagen aus Katherine heraus. Sie kann ihren Ärger nicht verbergen und möchte sich auch am liebsten nicht fotografieren lassen. »Ich mag mich nie auf Fotos leiden.« Linda überzeugt ihre Tochter dann doch und die muss über sich schmunzeln, weil alles so ist wie immer.

»Ich bin sowieso die Außenseiterin in der Familie. Das fing schon damals an, als ich nicht mehr in die Schule ging. Auch politisch war ich oft anderer Meinung. Ich war immer liberaler und bin absolut gegen George Bush. Darüber streiten wir seit Monaten.« Linda muss grinsen. Ohne ihre Tochter bloßstellen zu wollen, erinnert sie Katherine an eine Begebenheit aus ihrer Jugend. Während sie ihre Andeutung ausspricht, errötet Katherine und hält ihrem Sohn die Ohren zu. »Ja, ich habe früher auch ein paar Mal Haschisch geraucht. Ein- oder zweimal, um es auszuprobieren.«

Martha ist noch in ihrem Büro, und Linda bietet an, kurz ins Pflegeheim zu gehen. Es ist nur zwei Minuten vom Büro entfernt. Am Eingang, direkt gegenüber der amerikanischen Flagge, die in keinem öffentlichen Gebäude fehlen darf, hängt ein großes abstraktes Bild von Lindas Mann Dimitri. »Dimitri ist mein zweiter Mann. Er ist Grieche, wir haben auf Hydra geheiratet. Ich habe auch einen europäischen Pass. Dimitris Bilder hängen in all unseren Einrichtungen, sofern er sie nicht verkauft.«

Die Spanisch sprechende Krankenschwester am Empfang bietet uns eine Führung an. Einige der Menschen, fast ausschließlich afro- oder südamerikanischer Herkunft, schauen uns misstrauisch an, andere suchen das Gespräch. Linda stellt uns den Patienten vor.

Martha wartet schon ungeduldig im Büro. »Endlich. Ich habe Hunger und bestelle jetzt ein paar Hamburger für uns.« Wir versammeln uns in einer großen Vorhalle, die häufig für Empfänge oder Familienfeiern genutzt wird. In der Mitte ist ein riesiger Tisch. Martha hat drei Kinder, elf Enkelkinder und vierundzwanzig Urenkel, und die müssen schließlich alle irgendwo Platz finden. Der morgige und zugleich letzte Tag mit den Töchtern wird geplant. Das Familienfoto.

Linda sagt, sie gehe nicht gerne
in den Supermarkt:
»Leider gibt es hier nicht solche
wunderbaren Märkte, wie ich
sie aus Europa kenne.«

Susan wünscht sich, ans Meer zu gehen. Die anderen begrüßen die Idee. Nur Martha mag nicht so recht. Doch sie wird ausnahmsweise überstimmt, und darüber muss sie kichern. Die Mädchen spielen Fangen, Lindas Haare wehen im Wind, Susan genießt das kalte Wasser an ihren Füßen, die Jungs tragen ihren kleinen Cousin Josh herum, Katherine schaut zum Horizont. Martha sieht zufrieden aus, doch der bevorstehende Abschied von den Töchtern scheint ihr heute nicht zu behagen. Deshalb insistiert sie, die folgenden Tage ganz für uns zu gestalten. Martha Lang kann niemand widerstehen. Martha und ihre Freundin March organisieren ein volles Programm für uns: weitere Stadtrundfahrten, ein Gottesdienst bei den Adventisten, ein schneller Blick auf die Queen Mary im Hafen von Long Beach, ein Besuch im Pasadena Golf-Club, und natürlich diverse Kaffeekränzchen mit Scrabble-Spielen.

Die beiden Frauen sind immer einer Meinung. Nur morgens streiten sie, und zwar jeden Morgen über die immergleiche Frage: »Is ist fog or is it smog today?« Einig werden sie sich nie.

Ein Haus in Lynwood

Am letzten Tag besuchen wir Martha noch einmal in ihrem kleinen Haus in Lynwood. Die Häuschen mit den winzigen Vorgärten sehen aus wie eine Schrebergartensiedlung. Die Straßen sind ruhig, nur hin und wieder cruisen einige Jugendliche in ihren mit schweren Lautsprecherboxen ausgerüsteten Autos durch die Siedlung. Laute Hip-Hop-Musik dröhnt durch die offenen Fenster. Die musikalischen Schlachtrufe wie »Burn Hollywood Burn« oder »Caught – Can I Get a Witness«, die im Zusammenhang mit den Straßenkämpfen von schwarzen Hip-Hoppern als offene Kriegserklärung formuliert wurden, sind nun in spanische Reime verwandelt worden.

»Die Gegend hat sich in den letzten Jahren sehr verändert. Als wir in den fünfziger Jahren hierher zogen, war diese Gegend ausschließlich von weißen Arbeitern bewohnt, die in den nahegelegenen Raffinerien tätig waren. Eine Mittelklasse-Gesellschaft, zu der auch wir gehörten. In den Siebzigern kamen dann viele Schwarze nach Lynwood, die im Laufe der letzten Jahre nach Compton übersiedelten. Jetzt wohnen hier fast ausschließlich Latinos. Ich bin nahezu die einzige Weiße, die hier geblieben ist und ich werde auch nicht mehr von hier fortgehen. Mich stört das nicht. Ich bin noch nie bedroht worden. Und mein Häuschen ist gesichert wie Fort Knox.«

Es ist unsere letzte Tasse Tee mit Martha, die gänzlich unbekümmert über ihre sich wandelnde Nachbarschaft spricht. Ihr Leitspruch »I never met a stranger« lässt sich auf jede Lebenssituation übertragen. Außer den Graffities ärgert sie eigentlich nichts, nicht einmal die laute Musik. Der Gedanke an Ruhe scheint für sie die größere Bedrohung zu sein, und davon will sie auch im Moment noch nichts wissen. Sie macht Scherze über ihr Alter und will gerne ein Buch mit dem Titel »Life Starts at 88« schreiben.

Krank war Martha auch nie wirklich. Nur einmal, aber da hatte sie unwissenderweise einen Penny verschluckt, der eine Entzündung im Darm verursachte. Nach der Operation zeigten ihr die Ärzte zu ihrem großen Vergnügen das Geldstück. Und wenn Mrs. Lang die Nase voll hat

von Los Angeles, dann fährt sie mit ihrer Freundin ins Haus nach Hawaii, um bis in die Puppen Scrabble oder Rommé zu spielen. Jetzt müssen wir Abschied nehmen. Um von der kleinen Träne im rechten Auge abzulenken, sagt Martha schnell: »Ihr müsst wiederkommen, das ist ein Befehl. Beim nächsten Mal fahren wir ganz sicher nach Disneyworld.« Von der Rückbank unseres Taxis drehen wir uns noch einmal um und winken kräftig, bis die beiden Frauen langsam unseren Augen entschwinden.

Von links nach rechts:
Anna Lisa, Linda, im Vordergrund Kristen, Susan, Katherine, Martha

Russland, Moskau

Elisabetha, 89
Alina, 63
Tatjana, 35
Xenia, 8

Erzähl mir vom Leben

Alina: »Erzähl mir vom Leben.« Elisabetha: »Du weißt doch schon alles.«
Sie kichern und geben sich das verabredete Startzeichen. So war es schon
immer, Alina spricht den Sohn, Elisabetha den Vater.
Alina: »Ein Junge kommt zu seinem Vater: Sag mir, was gut ist und was
schlecht.« Elisabetha: »Der Vater antwortet. Es hat geregnet. Es ist vorbei.
So ist es in der ganzen Welt.«
»Ein kleiner Dialog von Majakowski – ein Lebensretter«, wie Alina sagt.
»Wenn wir Sorgen hatten, zitierten wir immer Gedichte von Majakowski.«

Heute ist Sonntag. Ein Moskauer Sonntag. Um das Haus von Alina zu
erreichen, benutzen wir die rosa Metro-Linie. Viele Frauen und Mädchen
sind hübsch gekleidet. Liebespaare halten sich bei den Händen und sitzen
wortlos nebeneinander. Hier und da sieht man Männer mit erschöpften
Gesichtern, denen es schwer fällt, sich gegen den Schlaf zu wehren.
Vielleicht Schichtarbeiter. Einer von ihnen, er sitzt uns direkt gegenüber,
hält eine Flasche Bier in den Händen. Alle paar Sekunden fallen seine
müden Augen zu. Langsam neigt sich die Bierflasche, weil seine Muskeln
entspannen. In pulsierenden Schüben fließt die schäumende Flüssigkeit
durch den Gang des Abteils und hinterlässt eine säuerliche Spur. Dann fällt
der Kopf des Mannes erschöpft auf die Schultern des Nachbarn, der sich
nicht abwendet, sondern ihm seinen Oberkörper leiht, bis die Lautspre-
cherstimme die nächste Station ansagt. Beim lauten Türknall schreckt der
Schlafende kurz auf, orientiert sich, sinkt erneut in sich zusammen und die
Szene beginnt von vorne.

Mit jeder Station verlassen uns mehr fahrende Gäste. Am Ende sind wir fast alleine im Abteil. Das Licht flackert. Die Zeichen, die die Haltestellen bezeichnen, sind uns fremd. Zum Glück fahren wir bis zur Endstation, da kann nichts schiefgehen. Am Ende der steilen Rolltreppe steht eine Frau im Blümchenkleid, ganz im Stil der achtziger Jahre. Es ist Alina. An ihrer Seite sitzt ein schwarzer Mopshund. Das Strahlen ihres offenen Willkommensgesichts reicht bis zu den in kalten Marmor gemeißelten Soldaten, die die Decke der Station verzieren. Alina küsst uns, wir denken an russische Staatsbesuche und fahren hoch ans Tageslicht. Feuchte Hitze schlägt uns entgegen, es sind bestimmt 35 Grad. Schwere Wolken haben den Himmel erobert und werfen Schatten auf eine Wohnsiedlung, die ihrem Verfallsdatum trotzt. Die Menschen, die zwischen den Blöcken aus grauem Beton flanieren, sind in Sonntagslaune.

Als wir vor einem etwa zehnstöckigen Haus stehen, das aussieht wie alle anderen, sind wir angekommen. Der Hausflur war einmal hellgrün gestrichen. Im Aufzug rattert's. Im siebten Stockwerk gelandet, öffnet Alina eine Tür und führt uns ins kleine Wohnzimmer. Der Mops wandert zielstrebig unters Klavier und gesellt sich zu einem Plüschtier, eines von diesen Dingern mit Augen, die niemals aufhören lieb zu schauen, auch wenn der Rest des Körpers nichts mehr hergibt. Auf der linken Seite wird eine Bücherwand von einem orangenen Vorhang verdeckt – die Unruhe dahinter soll im Verborgenen bleiben. Viele Kunstposter hängen an der Wand, die Klebestreifen an den Ecken sind vergilbt. Die wenigen sichtbaren Flecken Tapete tragen nicht nur die Spuren des vergangenen Sozialismus, sondern auch abstrakte Buntstiftlinien von Alinas Enkelkindern, die zur Zeit bei den Großeltern ein Zimmer bewohnen. Auch Alinas Mutter Elisabetha lebt bei ihr. Sie verschwindet hinter einer Tür, um sie zu holen.

Es raschelt, dann öffnet sich die Tür. Erhobenen Hauptes sitzt Elisabetha in ihrem Rollstuhl, wie in einer Sänfte. Vorsichtig rollt Alina das Gefährt ins Zimmer, in dem Elisabetha wie eine Porzellan-Prinzessin thront. Ihr glattes, graues Haar ist nach hinten gekämmt und fällt mit den Spitzen auf einen Leopardenbademantel, der bis zu den Waden reicht.

Die weißen Hände sind auf die Lehnen gestützt, und die transparente Haut liegt wie ein helles Seidentuch auf den dunklen Äderchen. Die Augen in dem ovalen Gesicht werden von unzähligen kleinen Linien, die sie verzieren, fast verdrängt, und aus dem Mund kommen freundliche russische Worte. Alina erzählt uns, dass ihre Mutter sich sehr auf unseren Besuch gefreut habe.

»Seit ihrer Operation kann sie nicht mehr arbeiten, was ihr nicht gerade leicht fällt. Die Arbeit war ihr Lebenswerk. Ihr fehlt die Aufgabe, und deshalb ist sie froh über jede Abwechslung. Besonders dann, wenn sie dazu aufgefordert wird, über ihr Leben zu sprechen. Oft war sie traurig, weil sie den Eindruck hatte, dass ihre Arbeit hierzulande nicht so recht honoriert wurde. Das ist das einzige, was sie bekommen hat. Schaut.«

Alina, die ganz nah neben ihrer Mutter sitzt, wühlt hastig in einer Pappkiste, die sich im Laufe des Nachmittags zu einer Schatzkiste verwandelt. »Das sind all die Orden, die sie Mama geschenkt haben.«

Auf dem Tischchen vor uns liegen ungefähr zehn Orden mit sozialistischen Motiven und bunten Bändern.

Elisabetha beugt sich vor und berührt den großen Stern mit blauem Band, der eindrucksvoll neben ihrer hellen Hand liegt. »Den habe ich für ... ach, was weiß ich, zu welchem Anlass und für welchen Verdienst ich den bekommen habe«, schmunzelt sie. Leben fließt durch ihre zarten Adern und sie ist ganz bei uns und in ihrer bewegten Vergangenheit. Die Orden hat sie für die Ausübung eines besonderen Handwerkes verliehen bekommen: Sie war Restauratorin im Puschkin Museum.

Elisabetha kokettiert mit ihrem Alter. »Keine Frau sollte ihr Alter preisgeben«, rät sie. Doch als Alina einen Witz macht, gibt sie nach und verrät uns, dass sie neunundachtzig Jahre alt ist.

Aufgewachsen ist Elisabetha in dem kleinen Dorf Ozerki, unweit von Moskau. Der elterliche Hof war in eine Kolchose umgewandelt worden, doch alle verantwortlichen Positionen wurden den Männern übergeben. Elisabetha war enttäuscht.

»Fortfahren nach Moskau. Mit allem hier Schluss machen und nach Moskau ...«, klagt Irina in Tschechows Drama Drei Schwestern. Aber der viel zitierte und ewig unerfüllte Traum sollte für Elisabetha Wirklichkeit werden. Mit dreizehn Jahren setzte sie ihren Willen durch und ging in die Hauptstadt. »Mama, schau mal, erinnerst du dich noch daran?« Alina zieht ein kleines graues Heft aus der Kiste und reicht es ihrer Mutter. Es ist ein sogenanntes Arbeitsbuch,

Elisabetha wurde vor wenigen Wochen operiert. Seither ist der Rollstuhl ihr treuer Begleiter. Allerdings hofft sie, dass sie ihn bald wieder verlassen kann. Schließlich möchte sie noch viele Male mit ihrer Tochter Alina und dem Mopshund durchs Viertel flanieren.

in dem alle beruflichen Stationen von Elisabetha Kostikova eingezeichnet sind. Alina liest. *Erster Eintrag: 1928, Kindermädchen. Arbeitszeit: 8 Uhr morgens bis 8 Uhr abends; 4 Pausen. Lohn: 2 Paar Schuhe, 1 Kleid, 1 Tuch; 7 Rubel im Monat.*

»Weißt du noch....?« Alina beugt sich zu ihrer Mutter. Die Wangen berühren einander. Elisabetha verharrt kurz und sieht sich die königsblaue Schönschrift genauer an. »Da steht geschrieben »7 Rubel«. Mein erstes eigenes Geld. Ich weiß noch genau, wie ich es in den Händen hielt. Dann ging ich in ein feines Geschäft, kaufte mir ein Kleid und mein Gehalt war fort. Ich hatte mich doch so sehr geschämt damals, als ich vom Land kam und alle mir das gleich ansahen. Ich war jetzt in Moskau.« Der Mops gähnt und lächelt in Elisabethas Richtung. Alina schaut ihn mit den Augen einer Seelenverwandten an. »Sie ist doch großartig,

Die Kriegsveteranen treffen sich auf dem Roten Platz. Mit einem Strauß roter Nelken werden sie in Empfang genommen, um sie am Denkmal des Zweiten Weltkrieges niederzulegen.

meine Mama. Sie hat sich schon immer gerne schön gemacht. Das gefällt ihr noch heute.«
Zu zweit sehen sie sich die alten Aufzeichnungen an, lesen laut vor, kommentieren die Einträge:
Im Alter von 16 Jahren bekam Elisabetha zunächst eine Anstellung als Fotografin im Puschkin Museum. Sie war jung und neugierig, das Leben in der großen Stadt gefiel ihr. Die Fotografie erlernte sie schnell. Ihre Fotos wurden in Katalogen veröffentlicht und zu Postkarten verarbeitet. Ganz besonders genoss sie allerdings die Möglichkeit, in den frühen Morgenstunden die Räume des Museums aufzusuchen und alleine mit den Meisterwerken zu sein.
»Ich liebte diese fremde eigene Welt. Alles war so still. Ich reiste mit den Bildern in andere Epochen, fremde Länder und tauchte in die Farben ein.« Zwei Jahre später wurde sie gefragt,

ob sie sich vorstellen könne, beschädigte Bilder zu restaurieren. Alina erzählt: »Es gab niemanden, der meine Mutter in das Handwerk einweihen konnte, denn bislang hatte man die defekten Bilder immer in fremde Länder verschickt. Hier gab es keine Restauratoren. Mama wusste nicht, wie das ging, doch ihr Mut und ihre Liebe zur Malerei waren so groß, dass sie die Stelle annahm und sich langsam eigene Techniken ausdachte. Ich bin sehr stolz auf sie. Man holte sie sogar nach China.«

»Bin ich da wirklich gewesen?« »Ja, ja, du warst sehr viel unterwegs. Große Museen der Welt haben dich eingeladen, für sie zu arbeiten. Ihre Mutter schüttelt den Kopf und lacht über ihre Vergesslichkeit, vielleicht auch über ihr Leben. Sie greift zu einem Fotoalbum, das sich ebenfalls in den Tiefen des Pappkartons verbirgt, und beginnt zu blättern. Alte Schwarzweißfotos kommen zum Vorschein: Ferien auf der Krim, ein Liebespaar am Strand, eine konzentrierte Frau an ihrem Arbeitstisch, eine Familie in Moskau, eine Ordensverleihung, eine junge Bolschewikin ... »Dieses Bild stammt aus der Zeit, als Mama gerade am Museum angefangen hatte.« Auf dem vergilbten Foto sehen wir eine energische Elisabetha als Anführerin einer Gruppe junger Frauen. Ihre rechte Hand ist zu einer kräftigen Faust geballt, der Arm weit nach oben gerichtet. Die Aufschrift, die in schwarzen Lettern auf einem Transparent zu lesen ist, lassen wir uns übersetzen: Die besten Bolschewiken. »Ich war eine stolze Bolschewikin«, erinnert sich Elisabetha »Wir wussten ja nicht, wie es einmal enden würde.«

Elisabetha blättert weiter in ihrer schwarzweißen Vergangenheit. Bei einem Foto bleiben ihre Augen lange haften. Das Liebespaar am Strand. »Da ist meine Mutter gerade frisch mit meinem Vater verheiratet. Erzähl uns die Geschichte, Mama, wie ihr euch kennengelernt habt.« Elisabetha denkt nach. Es ist lange her. Sie holt tief Luft und spricht mit leisen Worten. »Ich arbeitete schon im Museum, als ich ihn zum ersten Mal sah. Er kam sehr oft dorthin,

verbrachte viele Stunden mit den Gemälden. Er war Maler, wie ich erfuhr, und durch seine häufigen Besuche waren wir bald miteinander vertraut. Manchmal holte er mich auch ab, und wir gingen spazieren. An einem Dienstagmorgen kam er an meine Wohnungstür und bat mich, meinen Pass mitzunehmen. Seltsam, dachte ich bei mir und tat, was er verlangte. Wir gingen durch die Straßen. Es war ein warmer Tag. Plötzlich führte er mich zielstrebig in eine Straße und hielt vor einem Haus. Es war das Standesamt. Eine Stunde später waren wir verheiratet.«

»Und später kam ich«, zwinkert Alina. »Aber vorher gab es noch den Krieg. Meine Mutter war schon schwanger mit meinem Bruder und wollte die Stadt verlassen.«

»Ja, mein Mann und ich fürchteten uns vor den Bomben und flohen nach Rjasan. Wir brauchten Geld. Ich bekam eine komische Aufgabe. Ich musste einen Fischtransport begleiten, der nach Moskau ging – an die Front – und darauf achten, dass die Fische lebendig ankamen.

Das war ungemütlich und gefährlich. Deshalb zogen wir weiter und fanden ein sicheres Plätzchen in einer winzigen Stadt im Ural. Ich fand Arbeit in der Kantine einer großen Panzerfabrik.« Jetzt schmunzelt Elisabetha und schaut uns an. »Mit den Panzern, die man da baute, wurden die Deutschen besiegt. Und ich habe das Essen dafür gekocht.«

Es wird leise im Zimmer. Der Mops atmet tief unter dem alten Klavier. Seine kleinen Füßchen bewegen sich im Schlaf. Eine Träne bahnt sich den Weg durch die Fältchen in Elisabethas Gesicht.

Alina bricht das Schweigen. Sie zwickt ihrer Mutter in die Wange und versucht, sie zu erheitern. Sie fängt an: »Erzähl mir vom Leben.« Elisabetha lächelt: »Du weißt doch schon alles.« Zusammen: »Sag mir, was ist gut und was schlecht. Es hat geregnet. Es ist vorbei. So ist es in der ganzen Welt.«

Elisabetha ist müde. Zum Abschied gibt es Vanille-Eis mit selbstgekochter roter Marmelade. Der Mops wittert den Aufbruch und springt aufgeregt an uns hoch. Am nächsten Sonntag möchte Elisabetha uns ihre Orden vorführen. Heute ist sie zu erschöpft. Denn dazu, so sagt sie, müsse sie ein besonderes Kleid tragen.

Es ist Zeit zum Abschied nehmen. Wir umarmen unsere Gastgeberin. Am Dienstag dürfen wir Alina an ihrem Arbeitsplatz besuchen.

Der Weg zu Alinas Arbeitsplatz führt uns am Kreml vorbei. Kein weißer Schnee bedeckt die goldenen Zwiebeltürme, statt dessen entlädt sich ein kräftiges Gewitter über uns.

Der Rote Platz, vor dem noch vor einer Stunde die Kriegsveteranen mit roten Nelken empfangen wurden, ist wie leergefegt. Wir suchen Schutz an einer überdachten Bushaltestelle. Vor einem Plakat, auf dem Raissa Gorbatschowa für die »Moskauer Wall Street« wirbt, sitzt ein Liebespaar, das sich über den plötzlichen Regenschauer freut, weil es ihm Gelegenheit bietet, sich zu küssen. Wir schauen höflich in die andere Richtung. Da steht es, das sogenannte Zuckerbäckerhaus, eines von sieben Gebäuden, die Stalin wohlbedacht an allen markanten Plätzen der Stadt erbauen ließ. Wer in den oberen Stockwerken wohnt, schaut herab auf die Basilika, jene, die man stets in den Tagesthemen sah, wenn Gabriele Krone-Schmalz mit ihrem herzförmigen Haarschnitt aus Moskau berichtete. Daneben ein verwahrlostes Partei-Gebäude aus den fünfziger Jahren, in dem sich ein Kino eingemietet hat. Hinter einer Brücke erstrahlt das neu renovierte Kempinski-Hotel in leuchtendem Gelb, und links von uns steht das altehrwürdige »Gum«, eine der schönsten Einkaufsgalerien der Welt, in die inzwischen Geschäfte wie *Prada* oder *La Perla* eingezogen sind. Der Regen lässt nach. Das Regenwasser hat sich in den Löchern der baufälligen Straßen gesammelt und bildet kleine Seen.

Moskau gehört im Jahr 2003 zu den fünf teuersten Städten der Welt. Das durchschnittliche Monatseinkommen eines mittelständischen Arbeitnehmers ist jedoch zu vergleichen mit dem Preis für ein einziges Abendessen in einem gutbürgerlichen Restaurant.

DIE TRETJAKOW GALERIE

Die Tretjakow Galerie ist im ehemaligen Privathaus des wohlhabenden Kaufmanns Pawel Michajlowitsch Tretjakow untergebracht, der sich vorgenommen hatte, eine Sammlung anzulegen, die einmal ein Museum nationaler Künste werden sollte. Alina ist, wie ihre Mutter, Restauratorin geworden.

Am Eingang der Galerie empfängt uns eine uniformierte Russin mit blondierten Haaren und rosa Lippen. Sie möchte unsere Pässe sehen und meldet uns an. Bis Alina uns abholt, schaut sie uns streng an, ohne einmal mit der Wimper zu zucken. Im zweiten Stock liegt Alinas Werkstatt. Sie ist Leiterin der Abteilung. Eine junge Kollegin von Alina lädt uns in die wohnliche Küche ein und reicht Tee. Wieder liegen Fotoalben auf dem Tisch, diesmal welche, die Alinas Leben aufzeichnen: ein kleines Mädchen mit blonden Zöpfen im folkloristischen Kostüm, eine junge Frau als Astronautin verkleidet, ein sehniges Wesen im Tütü, eine uniformierte Pionierin ... »Ich habe sehr früh angefangen zu tanzen, wie ihr seht. Es war mein größter Traum, Tänzerin am Bolschoi-Theater zu werden. Beinahe hätte ich

es geschafft. Aber nach dem ersten Vortanzen, ich war ungefähr 13 Jahre alt, meinte man, ich sei zu dünn. Weinend lief ich zurück zu meiner Lehrerin. Sie gab mir Trost. Heute verstehe ich, dass sie mit »zu dünn« nur einen Vorwand suchten, um meine Unzulänglichkeit zu beschreiben. Meine Lehrerin sagte damals, dass der Wettbewerb und die Ausbildung sehr hart seien. Wahrscheinlich hätte ich das wirklich nicht geschafft. Eine Zeit lang war es der verlorene Traum, aber heute bin ich froh, dass ich nicht aufgenommen wurde. Was wäre ich ohne meine Bilder. Und tanzen, das tue ich immer, wenn ich unglücklich bin oder auch glücklich. Dann mache ich mir Musik an und tanze im Zimmer. Das kann mir niemand nehmen.«

Alina hat das Handwerk von ihrer Mutter gelernt. Nach dem Krieg war Elisabetha die Begründerin einer namhaften Schule. Zunächst waren die Werkstätten in einer leerstehenden Basilika untergebracht. Heute hat die Schule ein eigenes Gebäude. »Mama ist die Wurzel, und wir sind alle kleine Blättchen.«

Jetzt führt uns Alina durch ihr kleines Reich. Neben der Küche befindet sich ein wichtiger Raum, das verrät die schwere Stahltür. Es ist düster. Wir erschrecken, als sich hinter einem kleinen Tisch plötzlich etwas regt. Eine winzige ältere Dame steht auf und begrüßt uns: »Mütterchen bewacht dieses Zimmer, seit vierzig Jahren. Hier sind die Schätze des Museums aufbewahrt. Sie sind so wertvoll und empfindlich, dass sie nicht einmal unten in der Galerie ausgestellt werden können. Nur zu besonderen Anlässen werden sie hervorgeholt.«

Alina und ihr Mopshund – ein unzertrennliches Paar. Dreimal täglich spazieren sie durch die Wohnblocks.

Alina geht zum Lichtschalter und erhellt die kargen Wände. Mit einem großen Schlüssel öffnet sie eine der schweren Gittertüren. Sie bahnt sich ihren Weg durch die engen Gänge und kommt mit einem Gemälde zurück, das sie vorsichtig auf den Tisch stellt.

Direkt vor uns steht das Bild von K. P. Brüllow aus dem Jahr 1832. Es heißt »Reiterin« und wurde von Alina restauriert. Ihre Hände gleiten über den Rahmen. »Ist es nicht wunderbar?« Alina strahlt, wie auch der Raum, der binnen weniger Sekunden seine Atmosphäre verändert hat. Die Aufpasserin lässt uns nicht aus den Augen. Sie genießt den warmen Atem, der durch unsere Anwesenheit verbreitet wird. Oft ist sie wochenlang alleine hier, so sagt sie, während sie Alina hilft, die Kostbarkeiten wieder in die Schränke zu räumen.

Die Türen werden verschlossen, das Licht gedimmt, die kleine Frau kehrt zurück zu ihrem Kreuzworträtsel. In ihrem Arbeitszimmer führt Alina uns zu ihrem Schreibtisch. Neben Bastelarbeiten der Enkelkinder steht eingerahmt ein Foto, auf dem eine junge Frau mit ihrem Säugling zu sehen ist. »Das ist Tatjana, die Zwillingsschwester von Konstantin.« Tatjana ist auf dem Land und verbringt die gesamten Sommermonate mit ihrer achtjährigen Tochter Xenia in der Datscha, deshalb werden die vier in diesem Sommer nicht mehr zusammen sein. Als wir fragen, mit welchem Zug wir Tatjana erreichen können, lacht Alina laut: »Niemals. Da fährt kein Zug hin. Ich werde Konstantin bitten, euch zu fahren.« Sie geht zum Telefon und spricht. Liebevoll und ruhig kommuniziert sie mit ihrem Sohn über die elektronische Nabelschnur. Es klappt. Am Wochenende dürfen wir mit Konstantin aufs Land fahren.

EINE DATSCHA IST EINE DATSCHA

Es ist sechs Uhr morgens. Wir verlassen die Stadt in Konstantins Auto und sind erstaunt über den nahtlosen Übergang in die ländliche Umgebung.
Die Birkenwälder rauschen an uns vorbei. Hier und da stehen vereinzelt kleine Holzhäuser, deren bunter Anstrich längst in die Tiefen der Baumrinden eingedrungen ist. Weißer Nebel legt sich wie eine warme Bettdecke über die schlafenden Dörfer. Konstantin spielt eine Kassette. »Russische Zigeunermusik«, so sagt er, und dass er die besonders gerne im Auto hört. Es ist selbstverständlich melancholisch und wir träumen. Zwei Stunden später ist es der Sonne gelungen, den Nebel zu verdrängen. Wir wachen langsam auf, aber scheinbar nur wir, denn

die Dörfer sind nach wie vor wie ausgestorben. »Die Menschen hier schlafen alle bis zum Mittag«, kommentiert Konstantin mit ernster Miene das Szenario. »Sie sind arm, haben keine Arbeit und trinken aus Verzweiflung bis spät in die Nacht. Deshalb müssen sie lange schlafen. Und dann trinken sie wieder, weil sie sich schämen, dass sie so lange geschlafen und zu viel Wässerchen getrunken haben. Aber sie trinken vor allem, um zu vergessen. Aber dann vergessen sie auch die Zeit. Weshalb sie erst sehr spät in ihre Betten gehen. So verschlafen sie auch den neuen Tag. Und so geht es immer weiter.«
Wir fahren und fahren und fahren. Es wird einsamer, wilder und verwunschener. Nach einer stundenlangen Fahrt biegen wir in einen schmalen Feldweg ein. Dann hält Konstantin das Auto an. Ein winziges Holzhaus in schlichter Bauart steht vor uns. Aus der Tür springen vier

lärmende Kinder, die aufgeregt um uns herum laufen und laute Willkommenstöne von sich geben. Sie sehen aus wie die Kinder von Büllerbü mit ihren blonden wilden Haaren. Doch wir sind in Russland irgendwo, weit entfernt von Moskau, auf einer Datscha. Und wer in Russland keine Datscha hat, ist nur ein halber Mensch – so zumindest sagt man in der Stadt. Ein junges Mädchen spricht unentwegt in fremder Sprache auf uns ein. »Das ist Xenia, Tatjanas Tochter, sie war schon sehr gespannt auf euch«, übersetzt Konstantin.

Xenia spricht weiter: »Meine Mutter ist beim Bauern, um Milch zu holen. Sie wird gleich kommen.« Wir sollen auf der kleinen Veranda Platz nehmen und werden fürsorglich von Tatjanas Freunden bewirtet, die, wie wir erfahren, ebenfalls den Sommer hier verbringen. Noch ehe der erste Schluck Tee unsere von der langen Autofahrt benommenen Köpfe aufklaren kann, steht eine junge Frau vor uns. Die volle Milchkanne schwappt beim Versuch, uns die Hand zu reichen, leicht über. »Es gibt Milch zum Tee – Guten Tag – ich bin Tatjana.«

So unvermittelt, wie sie vor uns stand, ist sie auch wieder verschwunden. Und wieder da. Mit einem kleinen Milchkännchen in der Hand und einem verlegenen Lächeln auf den Lippen. Ehe sie wieder verschwindet – wortlos. Xenia setzt die Unterhaltung fort. Sie erzählt uns vom wunderschönen Wald gleich um die Ecke und von den herrlichen Beeren, den Pilzen und allen wunderbaren Dingen, die man dort ernten kann.

»Aber es gibt auch noch den Fluss«, ruft es aus dem Haus. Tatjana steht jetzt mit einem vollen Wäschekorb vor uns und deutet mit der linken Hand in eine Richtung. »Gleich hinter dem Feld ist der Fluss. Ich muss jetzt Wäsche waschen und glaube, euch wird ein kühles Bad nach der langen Fahrt wohltun. Kommt doch mit mir.«

Xenia springt hoch, läuft ins Haus und kommt im Badeanzug zurück. Wir folgen, Tatjana ist uns schon viele Schritte voraus. Als wir den Fluss erreichen, kniet sie im plattgetretenen Schilf, die Wäsche vor sich ausgebreitet. Ihre flinken Hände tauchen die Kleidungsstücke ins kalte Wasser. Es sieht so außerordentlich professionell aus, dass sich uns zwei Fragen aufdrängen – ist Tatjana die perfekte Aussteigerin, die der großen Stadt trotzig den Rücken zugewandt hat, oder gehört ihre Seele dem Land?

Doch ehe wir unsere Fragen an Tatjana richten können, ist sie im Wasser. Jetzt strahlt sie und winkt uns zu sich. Wir folgen ihr, obgleich die rostrote Farbe des Gewässers ein leichtes Unbehagen auslöst. Tatjana bewegt sich ausgelassen und reicht uns ihre Hand, denn der Boden ist glitschig. Was der Tee nicht zu leisten vermochte, hat nun das eisig kalte Wasser geschafft. Wir sind erfrischt und wach. Jetzt kann es losgehen. Konstantin, ohne den wir hier völlig hilflos wären, denn Tatjana spricht kein Englisch, übersetzt uns die Worte seiner Schwester.

»Tatjana würde gerne mit euch in den Wald gehen. Meine Mutter hat ihr am Telefon geraten, sie solle so sein wie immer, also die Dinge tun, die ganz alltäglich sind. Und in den Wald geht sie regelmäßig. Sie ernähren sich hier fast ausschließlich von dem, was sie ernten können. Nur Milch, Brot und Fleisch kaufen sie beim Bauern im nächsten Dorf.« Xenia freut sich über den bevorstehenden Ausflug, ihre Verheißungen über die Schönheit des Waldes und seine Schätze sollen nicht umsonst gewesen sein.

Zurück im Haus kramt Tatjana in einer Kiste nach Kleidungsstücken, die waldtauglich sind: lange Hosen, lange Jacken, Kopftücher. »Zieht das an«, befiehlt sie in einem liebevoll ruppigen Ton. »Der Wald ist voller Mücken. Es wird gleich regnen, dann fliegen sie besonders tief.«

Ordentlich ausgerüstet mit sicherer Kleidung und Eimern für Beeren und Pilze, marschieren wir los. Tatjanas Prognose, das Wetter betreffend, war richtig. Dicke Gewitterwolken verdunkeln den Himmel. Es wird ein wenig unheimlich. Kaum erreichen wir das Innere des tiefen Waldes, kracht es einmal laut. Die hellen Blitze und kräftigen Regentropfen werden glücklicherweise von den dichten Baumkronen abgehalten. Wilde Farnbüsche bedecken den duftenden Boden.

Xenia, die uns unentwegt wilde Beeren in den Mund stopft, ist es tatsächlich gelungen, mit uns zu kommunizieren. Mit feiner Mimik und großen Gesten, die mitunter ihren gesamten Körper in Anspruch nehmen, deutet sie auf alle Eigenarten, die sich in den tiefen Winkeln des Waldes verbergen. »Da ist ein alter Friedhof. Dort leben die Geister.« Es donnert erneut. Unbeirrt von allem kniet Tatjana im dichten Farn und sammelt Steinpilze für die Suppe, die sie uns zum Abschied zubereiten möchte. Es ist so finster, dass wir sie gelegentlich aus den Augen verlieren. Endlich gelangen wir an eine Lichtung. Die Regentropfen werden feiner und wir machen uns auf den Heimweg. Tatjana zeigt auf ihren Eimer. »Heute haben wir Glück. Das wird ein gutes Süppchen.«

Zurück am Haus scheint die Sonne wieder in voller Kraft, ganz so als wäre nichts gewesen. Viel Zeit bleibt uns nicht mehr. Konstantin muss heute noch zurück nach Moskau. Die kleine Mahlzeit garantiert uns noch ein wenig Zeit zum Reden. Tatjana, die uns in den letzten Stunden wie ein scheues Reh begegnete, taut langsam auf. Wir sprechen ein wenig über Gott und die Welt, doch das Wissen um die knapp bemessene Zeit bringt sie auf folgenden Gedanken: »Wie wäre es, wenn ich euch einen Brief schreibe. Dann können wir jetzt gemeinsam einfach die Suppe genießen.«

Tatjana ernährt sich fast ausschließlich von Nahrungsmitteln, die die Natur ihr schenkt. Täglich geht sie in den Wald, um Beeren und Pilze zu sammeln.

Eine schöne Idee, so finden wir und lehnen uns dankbar zurück. Die wohltuende Suppe stärkt uns für die lange Autofahrt, die uns bevorsteht. Während wir im Auto sitzen und der Zigeunermusik lauschen, träumen wir weiter. Geweckt werden wir von einem Polizisten am Stadtrand Moskaus, der beflissen seiner Arbeit nachgeht. Konstantin ist zehn Stundenkilometer zu schnell gefahren. Er bekommt einen Strafzettel und muss grinsen. »Das passiert mir jedesmal.«

EIN SONNTAGSKLEID MIT ORDEN GESCHMÜCKT

Es ist schon wieder Sonntag. Unser letzter Sonntag. Der Tag mit den Orden. Wieder einmal nehmen wir die Metro und die Bilder wiederholen sich. Heute finden wir alleine zum Haus, sprechen ein Stoßgebet im Aufzug und klopfen an die Tür mit dem Namensschild, das unser fotografisches Gedächtnis sich gerade noch hat merken können. Elisabetha ist für ihren großen Auftritt bereit. Sie trägt ein mauvefarbenes Samtkleid, damit die Orden sich nicht auf einem unnötigen Muster verirren können. Ihre Schultern sind aufgerichtet und die müden Brüste erwachen, um diesen Moment noch einmal richtig zu erleben. Jetzt, wo die Auszeichnungen an der richtigen Stelle platziert sind, wirken sie viel eindrucksvoller als in der kleinen Kiste. Elisabetha genießt. Doch schneller, als ihr recht ist, hält die lästige Schwäche wieder Einzug in ihrem Körper. Alina und der Mops möchten uns ein letztes Mal zur Station begleiten. Der Abschied ist warm und etwas schwer. Deshalb machen wir es kurz.

Am nächsten Tag sitzen wir wieder im Flugzeug. Unendlich viele Wellblechdächer werden aus der Höhe sichtbar. Sie bedecken die Häuser armer Bauern und reflektieren das Sonnenlicht. Uns wurde gesagt, dass die Dächer der russischen Kirchen aus Gold sind, damit Gott sie besser sieht. Die Blechdächer unterstützen die Wirkung der heiligen Zwiebeltürme und senden kräftige Signale.

Einige Wochen nach unserer Rückkehr erreicht uns folgender Brief. Zurück in unserem Alltagstrott hätten wir es fast vergessen …

Liebe Freunde,

Hier ist Tatjana. Verzeihen Sie, dass ich lange nicht geschrieben habe, mir ist einfach nicht klar, was ich der Welt über mich erzählen kann und in welcher Form. Ich versuch's mal so …

Über Politik … Ich kann Politik nicht ausstehen! Aber ich glaube, dass früher oder später sich alles zum Guten fügt (in unserem Lande …).

Über Religion … Ich bin, wenn überhaupt, Buddhistin oder sogar »Ökumenistin«. Ich habe einen Traum: Irgendwann einmal werden sich Religion und Wissenschaft gemeinsam auf den Weg machen zu unerforschten Horizonten (zum Wohle der Menschheit)! Überhaupt ist nach E. I. Roerich »die Menschheit die einzige Waise auf unserem Planeten« …

Über den Hass … Ich hasse Fanatismus. In jeglicher Erscheinungsform (in der Religion, im Sport, überall …). Ich bin überzeugt, dass alles Elend in der Welt daher kommt, wie auch von der Unwissenheit. Ich hasse Streitereien und unflätiges Gerede.

Über die Liebe … Ich liebe die Menschen (besonders wenn sie weit weg sind …), natürlich meine Angehörigen und Freunde. Außerdem liebe ich es, auf der Datscha zu sitzen und in die Ferne zu schauen. Und dabei nichts zu tun … Generell ist das wahrscheinlich eine Art Krankheit von Stadtkindern, die schon in der Kindheit müde geworden sind. Wenn ich daran zurückdenke:

Du fährst Metro, es ist früher Morgen, die Schultasche und dazu noch irgendwelche Paar Skier, brrrr...

Ich liebe es, dazusitzen und zu lesen und dass mich niemand dabei stört ... Ich liebe auch Mystik jeglicher Art und Fantastik. Und die STERNE! Wahrscheinlich gibt es da noch mehr ... aber das soll genügen.

Über die Tiere ... Ich liebe sie.
Über das Wetter ... Von –10 bis +25.
Über die Natur ... Ich LIEBE sie!

Nun gut, »ich schließe! Schrecklich, was ich schrieb ... Ich sterbe fast vor Scham und Grauen ... Doch da mir Ihre Ehre blieb, will ich mich kühn ihr anvertrauen!«
(Anm. d. Übers.: Zitat aus Alexander Puschkin: Jewgeni Onegin, 3. Kapitel, Brief Tatjanas an Onegin)

Allen wünsche ich Glück und Gesundheit (alles andere können wir kaufen, wie meine Schwiegermutter zu sagen pflegt) und Freude!

Auf Wiedersehen!
Wenn Gott es will, werden wir uns wiedersehen!

Tatjana

Familienfoto, selbst aufgenommen; von links nach rechts: Elisabetha, Tatjana, Alina, Xenia.

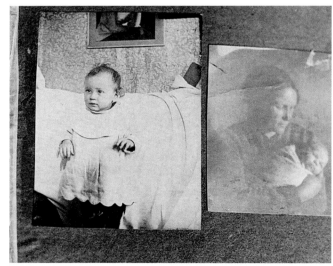

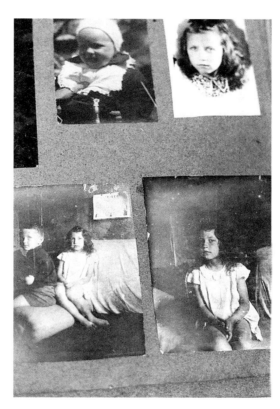

Bolivien, Calamarca

Paulina, 84 (†)
Tomasa, 68
Regina, 46; Maria, 40
Livia, 23; Maribel, 12
Florentina, 3

Der Weg nach Calamarca verläuft in Serpentinen. Das Dorf liegt in der Hochebene der bolivianischen Anden, knapp unterhalb der Schneegrenze. Wir starten in La Paz und müssen noch 1000 Meter in die Höhe fahren, um den auf 4500 Metern gelegenen Ort zu erreichen. Wir lassen die Vororte der Hauptstadt hinter uns, die sich weit über felsige Ausläufer der Bergketten erstrecken. Vorbei am Alto, einer Art Auffanglager für indianische Bauern, die die Berge verließen im Glauben an eine bessere Zukunft. Eine riesige Obdachlosensiedlung voller provisorischer Schlafstätten, unzähliger Märkte, bevölkert von Straßenkindern und kleinen oder größeren Gaunern, die sich einige schnelle Bolivianos verdienen möchten. Jetzt gelangen wir auf die Ausfahrtsstraße. Sie verläuft unendlich lang und gerade über das Bergplateau. Langsam fahren wir auf die Hochebene, den Altiplano. Der Wind bläst streng durch die vielen undichten Stellen des öffentlichen Kleinbusses. Wir sind umgeben von den schneebedeckten Spitzen des Ilimani und anderen 6000ern.

Vereinzelt erscheinen am Horizont kleine Gestalten mit langen schwarzen Zöpfen, über den Köpfen schweben dunkle Hüte – Gruppen von Landfrauen, die unterwegs ins nächste Dorf sind, um die geringen Überschüsse ihrer Erträge in Bares umzusetzen. Man könnte meinen, sie stünden in einer *blue box*, der Himmel flirrt in einem künstlichen Blau.

An einer nie enden wollenden Straße steht das flache Haus eines Lebensmittelhändlers, der seine Waren in die schief angebrachten Regale sortiert. Wir sind angekommen in Calamarca, dem Steindorf, wie es in der wörtlichen Übersetzung heißt.

Blick auf den Altiplano –
Hochebene der Bolivianischen
Anden

Tausend Jahre Einsamkeit, die sich in jeden Stein eingeschrieben haben, liegen vor uns. Der herbe Wind formt die Wolken zu dramatischen Bildern. Mächtige Berge umschließen das Dorf – bedrohlich und schützend zugleich. Wir denken an Paulina Ascenia Mamani Rojas, die wir vor zwei Jahren schon einmal besuchten. Die Berge flößten ihr Angst und Respekt ein, denn im Glauben der Aymara-Indianer sehen sie alles und richten über Gut und Böse.

Paulinas kleines Steinhaus lag noch einige hundert Meter über dem Dorf, weit entfernt von der Wärme menschlicher Gemeinschaft, entfernt von Klatsch und Tratsch, von Geschäftigkeit, der Kirche, den vielen Festen. Ihr Blick war im hohen Alter in die Weite gerichtet, dorthin, wo sie das Fremde vermutete, eine Welt jenseits der Berge.

Wir stehen mit vier Frauen an Paulinas Grab, einem Lehmhügel, der sich vor uns auftürmt. Vor einem Jahr verließ sie ihre Familie. Ihr Mann Juan, der einen Monat nach Paulina starb, ruht neben ihr. Die Frauen nehmen ihre Hüte in die Hand und senken ihre Häupter. Weiße Callas-Blüten liegen auf dem rissigen Lehm. Wir zünden zwei Kerzen an und denken daran, wie Paulina uns von ihrem Leben erzählte:

»Ich war das einzige Kind meiner Eltern. Wir lebten in der Umgebung von Calamarca. Meine Mutter starb, als ich acht Jahre alt war, weshalb ich die Schule verlassen musste. Ich half meinem Vater im Haushalt und mit den Tieren. Mein Vater schlug mich oft. Ich wollte nicht mehr zuhause leben. Mein Onkel nahm mich zu sich, und so habe ich für ihn gearbeitet. Er war gut zu mir. In unserer Nähe lebte ein Junge, der Juan hieß. Wir lernten uns kennen und fanden Gefallen aneinander. Hier auf dem Altiplano gibt es einen Brauch:

Wenn ein junger Mann sich in ein Mädchen verliebt, folgt er ihr auf die Weide, während sie die Tiere hütet. Das ist der einzige Ort, an dem man ein junges Mädchen alleine antrifft. Der Junge wirft einen Stein in die Herde. Mag das Mädchen den Jungen, dann wirft sie ihn zurück. Ich warf ihn zurück, als Juan Rojas mit seinem Stein beinahe eines unserer Lamas traf und hatte Herzklopfen. Dann entführte Juan mich in das Haus seiner Eltern. Das ist auch ein alter Brauch.

Es ist natürlich keine wirkliche Entführung, weil das Mädchen ja gerne mit ihm geht. Also lebte ich im Haus meines Bräutigams, damit wir einander kennenlernen konnten und um zu sehen, ob wir zueinander passten. Viele Paare leben erst einige Jahre miteinander, bevor sie heiraten. Juan und ich, wir heirateten nach zwei Jahren. Ich war gerade sechzehn Jahre alt. Juan war zehn Jahre älter als ich. Er hatte schon den Chacokrieg gesehen. Viele sagten später, dass ihn der Krieg gebrochen hat. Mit achtzehn Jahren wurde ich zum ersten Mal schwanger, Tomasa ist mein erstes Mädchen. Insgesamt habe ich drei Töchter und drei Söhne zur Welt gebracht. Manche von ihnen sind nach La Paz gezogen. Tomasa blieb. Sie hat sich um uns gekümmert.

Früher habe ich mit meinem Mann das Land bestellt, Kartoffeln verkauft, die Tiere gehütet, die Kinder versorgt und gekocht. Während unserer Ehe hatte mein Mann sieben Jahre lang eine Geliebte. In dieser Zeit hat er mich schlecht behandelt. Er schlug mich oft und verletzte mir einmal eine Rippe. Das spüre ich noch heute. Nachdem das geschehen war, wurde es wieder besser. Zum Glück hatte er mit ihr keine Kinder. Den Männern nimmt man das nicht übel, wenn sie eine Geliebte haben. Aber wenn einmal eine Frau ihren Mann betrügt, werden ihr zur Strafe die Zöpfe abgeschnitten. Jeder kann die Schande sehen.

Das ist alles schon lange her. Ich bin heute 83 und mein Mann ist 93. Seit einigen Jahren haben wir getrennte Schlafzimmer, eigene Hauseingänge und unsere eigenen Küchen. Jeder kocht für sich selbst. Ich esse sein Essen nicht. Manchmal kocht Tomasa, unsere Älteste, für mich und für ihren Vater. Jeden Samstag gibt Juan mir zehn Bolivianos. Am Wochenende gehen mein Mann und meine Tocher gerne auf die Fiesta. Tomasa tanzt immer *Wacka-Wacka*.

Sie tanzt, bis sie umfällt. Manche Fiestas dauern drei Tage und drei Nächte. Ich gehe zu keinen Fiestas mehr, weil mir einmal etwas Furchtbares passiert ist. Vor einiger Zeit habe ich auf einer Fiesta meinen Hut und meinen Poncho verloren. Das war ein Schreck. Es sind die beiden teuersten Gegenstände, die ich je besaß. Ich war so voller Scham und hatte eine Wut auf mich selbst, dass ich von dem Tag an dem Alkohol entsagte und zu den Sabadistas übertrat. Manche Menschen sagen, dass die eine Sekte sind, aber ich weiß nicht, was sie meinen. Die Sabadistas sind streng gläubig und mögen nicht, dass wir trinken und zu Fiestas gehen. Das finde ich richtig. Ich lese auch in der Bibel. Sie wurde ins Aymara übersetzt. Die Sabadistas treffen sich immer am Samstag in Calamarca. Ich kann da seit längerem nicht mehr hingehen. Der Weg ist zu weit und meine Füße sind schwach geworden.

Ich habe nur noch drei Plätze, an denen ich mich aufhalte. Entweder sitze ich im Hof, oder im Türrahmen, oder ich liege im Bett. Wenn ich im Türrahmen sitze, kann ich über die Ebene blicken. Es tut gut, so weit zu schauen. Oft denke ich nach oder bete zu Gott.«

Vor genau zwei Jahren hatte Paulina ihre Geschichte erzählt. Sie habe in den letzten Monaten öfter nach den Fremden gefragt, beteuert Tomasa heute.

Tomasas Mund entweicht ein plötzlicher Schrei und dicke Tränen füllen ihre Augen. Sie windet sich so heftig, als wolle sie zu Boden fallen. Ihre Töchter stehen regungslos. Unbeholfen versuchen wir zu trösten, doch Tomasas Klage wird lauter. Wir bitten unsere Übersetzerin,

Worte des Mitgefühls an Tomasa zu richten, doch sie schmunzelt nur und macht einen Witz. Genauso heftig, wie Tomasa schrie, fängt sie jetzt an zu lachen. Sie erzählt uns eine Geschichte, die davon handelt, wie Paulina weiter lebt.

»Eigentlich«, so berichtet Tomasa, »bin ich gar nicht mehr so traurig, dass meine Mutter tot ist. Ja, manchmal fehlt sie mir. Aber einmal im Jahr, dann kehrt sie in unser Haus zurück. Es ist der Tag, an dem wir der Toten gedenken. Wir reinigen unsere Häuser und kochen sehr viel Essen mit den besten Kartoffeln und schlachten ein Schaf. Wir decken den Tisch schön und warten. Dann, wir spüren es genau, kehren die toten Seelen zu uns zurück. Einmal gesellte sich eine Fliege an eben diesem Tag sehr lange zu uns. Es war keine gewöhnliche Fliege, das weiß ich genau. Es war mein verstorbener Onkel.«

Die vier Frauen setzen ihre Hüte wieder auf und bedeuten uns zu gehen. Wir bewegen uns vorsichtig, um nicht auf eines der umliegenden Gräber zu treten. Aber es gelingt nicht, denn der Friedhof ist ein einziges Durcheinander aus Lehmhügeln, ein heilloses Chaos, das so gar nicht in die spirituelle Vorstellungswelt der Aymaras passen mag. Liegt da vielleicht bereits die umgestülpte Unterwelt vor unseren Füßen?

Die Frauen erklären, dass die wichtigsten Regeln für die Lebenden an jeder zweiten Hauswand zu lesen sind, meist in Aymara, manchmal in spanischer Übersetzung – die älteren Generationen sprechen ausschließlich Aymara, die jüngeren wachsen zweisprachig auf.

JAN LUNTHATAMTI – JAN JAYRAMTI – JAN KARISIMTI
NO SEAS LARDON – NO SEAS FLOJO – NO SEAS MENTIROSO

Auf antiken Webstücken, die wir später bewundern, sieht die spirituelle Vorstellungswelt der Aymaras wie folgt aus: Sie ist eingeteilt in drei Kosmen, die Unterwelt, die Oberwelt und die Zwischenwelt, also die der Erdoberfläche. Die Unterwelt ist stets in rot-schwarzen Farben gehalten und zeigt ein großes Durcheinander. Riesige Raubvögel fliegen zwischen Teufeln und durch düstere Naturgewalten, die symbolisch dargestellt werden. Die Oberwelt und die Zwischenwelt hingegen sind in geraden Linien gewebt. Die Symbole sind hierarchisch angeordnet. Oben stehen die Dinge, die den Menschen besonders viel bedeuten, jene, die Kraft und Glück verheißen. In modernen Webereien befinden sich deshalb auch schon einmal auf der obersten Linie gewebte Dollarscheine, Flugzeuge, Computer und andere Statussymbole, die in schreienden Neonfarben für Aufmerksamkeit sorgen. Das Durcheinander aus Lehmgräbern, das sich auf dem Friedhof vor uns auftut, entspricht beileibe nicht der bildlichen Darstellung der Zwischenwelt mit ihren gerade gewebten Linien.

Übersetzt: *NICHT STEHLEN – NICHT FAUL SEIN – NICHT LÜGEN.*

»Schon seit Jahrtausenden richten wir uns danach«, erzählt Regina, Tomasas älteste Tochter. »Wer die Regeln bricht, wird bestraft. Als die Inkas kamen und unsere Völker beherrschen wollten, machten sie sich diese unsere Regeln zu eigen, um Macht über uns zu erlangen. Doch wir ließen uns nicht beugen. Weder von den Inkas, noch von den Spaniern. Wir sind stolze Aymaras. In der Hauptstadt nimmt man uns bis heute nicht besonders ernst. Ich fürchte, sie wollen uns den Rest unserer Würde nehmen. Doch das werden sie bald aufgeben. Vielleicht dauert es noch einige Generationen, zwei, oder auch drei. Ich weiß, dann wird sich etwas ändern ...«

Bei dem Wort *Inkas* spuckt Tomasa einmal kräftig auf den Boden. Dann wird die kleine Gestalt mit dem tiefen Haaransatz und den vielen Zahnlücken ungeduldig. Wieder wechselt sie ihre Stimmung in Sekunden. Jetzt will sie sich auf den Heimweg machen, denn die Sonne liegt tief und ein langer Fußweg steht ihr bevor.

Morgen aber, so befiehlt sie, sollen wir zum Sonnenaufgang zu ihr kommen und sie beim Lamahüten begleiten. Wenn nicht, würde sie uns nie mehr sehen wollen, droht sie. Wir begeben uns in unser Schlaflager, einen Gästeraum im Kindergarten. Die Nacht ist sehr kalt und mucksmäuschenstill. Wir fallen in einen tiefen Schlaf. Die Geister, vor denen man uns warnte, haben uns in dieser Nacht nicht heimgesucht.

Ein echter Borsalino-Hut kostet ungefähr 200 amerikanische Dollar. Sollte Tomasa ihn einmal verlieren, müsste sie ihre halbe Lama- Herde dafür hergeben, um einen neuen zu kaufen. Deshalb hütet sie ihn wie ihren Augapfel und pflegt ihn bis an ihr Lebensende. »Der Hut ist das Kostbarste, was eine Frau hier oben besitzt. «

Tomasas Haus

Der Weg zu Tomasas Haus ist lang und die dünne Luft macht uns kurzatmig. Wir sind mit Tabletten versorgt worden, die den Sauerstoff in unserem Blut anreichern sollen und halten eine Plastiktüte mit frischen Koka-Blättern in den Händen. Die sollen uns Kraft geben. Beeindruckt von der Landschaft, wandern wir durch die karge Hochebene und halten oft an, um in die Täler und auf die schneebedeckten Spitzen der riesigen Berge zu blicken – mit dem Ergebnis, dass wir zu spät bei Tomasa ankommen. Sie ist wütend.

»Die Tiere müssten schon längst auf der Weide sein«, schreit sie, inmitten ihrer Lama-Herde stehend. Die langhälsigen Vierbeiner blicken zeitgleich in die Richtung, in die sie spricht, genaugenommen zu uns,  und wir halten den angemessenen Sicherheitsabstand ein, damit die Tiere nicht das tun, was ihre Herrin sich gerade verbietet. Kaum haben ihre Beschimpfungen ein Ende genommen, lacht sie wieder und führt uns über ihr Land. Zwischen steinigen Weiden und Kartoffelfeldern steht eine einsame Lehmhütte, kaum größer als eine Zigarrenkiste »Kommt nur herein. Ich zeige euch mein Zuhause. Hier wohne ich während der Erntezeit.« Wir beugen uns weit herunter, um durch das kleine Loch ins Innere zu gelangen und werden sofort wieder an die allegorische Darstellung der Unterwelt erinnert. Ein getrockneter Lama-Fötus hängt an einer verkohlten Wand – zum Schutz, so behauptet sie ehrfürchtig. Es ist düster, weil jede unnötige Öffnung die nächtliche Kälte nur verschlimmern würde. Auf der linken Seite befindet sich ein Bett, davor verstreut unzählige Tüten, angefüllt mit Tomasas wenigen Habseligkeiten. Eine Kochecke, also

eine Feuerstelle in der rechten Ecke, sorgt für Wärme und verbreitet den Duft von Räucherfleisch. Eine Maske über dem Eingang soll das Böse abwenden. »Hier habe ich Regina zur Welt gebracht.« Tomasa beugt sich nach vorne, bis ihre Hände den Fußboden erreichen. Dann senkt sie ihre Knie, bis sie auf allen Vieren am Boden hockt. »Seht, so habe ich fast alle Kinder geboren. Meistens war ich dabei alleine. Zweimal hier in diesem Haus. Ich habe das gut geschafft. Nur mit der Nabelschnur hatte ich manchmal etwas Probleme. Ich konnte sie nicht immer gleich abtrennen. Bei uns gibt es einen Brauch, die Nabelschnur und die Plazenta werden nach der Geburt in die Erde eingegraben, um *Pacha Mama* ein Opfer zu bringen.« Dann steht sie wieder auf, klopft ihre staubigen Knie ab und führt uns nach draußen, um uns die Stelle zu zeigen, an der sie die Plazenta vergraben hat. Denn die Opfer, die an die Mutter Erde, die höchste Göttin der Indianervölker, gerichtet sind, haben die stärkste Wirkung und

segnen den heiligen Boden. Das Sonnenlicht ist grell und gleißend. Hier oben ist man der Sonne sehr nah. Ob die Hüte dem Lichtschutz dienen, möchten wir wissen. Tomasa denkt lange nach. »Das Licht, das kennen wir und unsere Haut ist stark. Seit ich denken kann, haben die Frauen eine Kopfbedeckung. Früher waren die Hüte aus Schafswolle, und meine Mutter tadelte uns, wenn wir sie nicht zum Essen oder in der Kirche abnahmen. Und eines Tages trugen die reichen Frauen hier solche feinen Hüte. Erst waren sie schwarz doch heute haben die meisten Frauen sie in grau oder braun. Sie sind sehr teuer, denn sie sind aus feiner Wolle und kommen angeblich mit dem Flugzeug aus Europa. Die fremden Männer sollen sie früher einmal in der Hauptstadt getragen haben. Wenn ich einmal meinen Hut verlieren sollte, wäre ich arm dran, deshalb passe ich gut auf. Er kostet ungefähr vier oder fünf Lamas, und ich habe doch nur zehn.« Sie nimmt ihren Hut ab und weist auf das Schild in der Innenseite. Ein echter Borsalino,

der, wie wir in der Stadt erfahren, ungefähr 200 amerikanische Dollar kostet. Tomasa eilt zu ihrem Webstuhl. Schnell setzt sie sich davor, zieht ihre Gummischühchen aus und bewegt hastig ihre kleinen Füße auf den Tretbrettern. Ihre langen schwarzen Zöpfe schwingen rhythmisch mit und die drei Zähne blitzen listig. Sie webt, sitzt alleine vor ihrem Haus, und wären wir nicht gerade hier, wären ihre Lamas und Schafe, ihre Katze und ihr Hund das einzige warme Fleisch in ihrer Nähe. Aber was wissen wir schon von dem Alleinsein hier oben und wie es sich anfühlt. Gibt es ein Wort für das, was wir Einsamkeit nennen?

Ein hungriger Lamaschrei unterbricht Tomasa. Der Eifer, uns ihre Welt zu zeigen, hat sie ihre Tiere vergessen lassen. Augenblicklich lässt sie den Webstuhl stehen und läuft zum Gehege, um die Tiere anzutreiben. Wir sollen jetzt besser gehen, sie müsse schließlich schnell, ... denn es sei viel zu spät und ... weg ist sie. Mit einem Stein in der einen und einem Stock in der anderen Hand verschwindet sie am Horizont, umgeben von zehn springenden Lamas.

Wir folgen stattdessen Antonia, unserer Übersetzerin, in die Kirche am Marktplatz. Antonia ist ebenfalls in Calamarca zu Hause, sie ist halb Aymara, halb spanischer Abstammung. Auf dem Weg hinunter ins Dorf erzählt sie uns Geschichten über die gewaltigen Berge und über die Blitze, die nicht wählerisch sind, wenn sie gelegentlich einen Menschen treffen und ihn töten. Und dann, so sagt sie, gebe es auch noch jene, die einen Blitzschlag überleben. Diese zählen zu den Erleuchteten und bekommen Zauberkräfte verliehen. Immer wieder bekreuzigt sie sich, während sie uns von heidnischen Ritualen der Aymara berichtet. Mit leiser Verachtung spricht sie, die durch

und durch überzeugte Katholikin, von den ausschweifenden Festen, den wilden Tänzen und den Unmengen reinen Alkohols, den die Indianer drei Tage und Nächte in ihre Bäuche gießen, bis sie nicht mehr Herr ihrer Sinne sind.

»Die Familie Rojas, die kenne ich schon seit Jahren. Es sind nette Menschen, doch sie trinken viel und lassen kein Fest aus. Hier gibt es etliche Opferfeste, zu denen sie sich den *Jatiri* holen, einen Schamanen, der die Erde fruchtbar machen soll. Die Indianervölker glauben fest an die *Pacha Mama* und verehren sie. Aber sie glauben auch an Maria, die heilige Mutter Gottes. Beide stehen für die Fruchtbarkeit.«

Antonia bekreuzigt sich wieder und wieder, besonders, als wir in die kleine Kirche eintreten. »Diese Kirche ist sehr berühmt. An den Wänden befindet sich eine der bedeutendsten Engelmalereien aus dem 16. Jahrhundert. Die Leute behaupten im übrigen, dass an genau dieser Stelle, wo jetzt die Kirche steht, einst eine Opferstätte der Aymara-Indianer war. Außerdem sollen die Inkas Tausende von unterirdischen Straßen gebaut haben. Genau hier, wo wir jetzt stehen, liefen die Tunnel sternförmig zusammen. Ist das nicht unheimlich?« flüstert Antonia verschwörerisch. Wir treten ein. Im Portal steht die Figur eines sich aufbäumenden Schimmels, auf ihm sitzend ein spanischer Soldat. Pferd und Reiter sind übersät mit christlichen und indianischen Devotionalien.

»Das ist Santiago de Calamarca. Er ist der Schutzheilige der Kirche.« Dann weist Antonia voller Ehrfurcht auf die Galerie mit den zwanzig Engeldarstellungen. »Es soll im 16. Jahrhundert die ›Schule des Altiplano‹ gegeben haben. Sie gehört neben der Malerschule von Potosi zu den berühmtesten des Landes. Viele bedeutende spanische Meister wurden hergebracht, um den Indianervölkern das Handwerk beizubringen. Seht ihr, diese Engel sind alle stolze spanische Krieger. Und dort sind die Erzengel Gabriel, Raphael und Uriel.«

EIN BESONDERES ESSEN

Die Tür geht auf und ein junges Mädchen tritt ein. Leise bewegt sie sich durch den dunkel gewordenen Raum. Ihre Schritte sind kaum hörbar und man sieht nur die Umrisse eines weich schwingenden Rockes. Vorsichtig bewegt sie sich auf uns zu und flüstert Antonia schüchtern einige Worte ins Ohr. Es ist Maribel, Marias Tochter, Tomasas Enkelin und Paulinas Urenkelin. Sie wurde geschickt uns zu suchen. Regina, ihre Tante, möchte für uns kochen. Ein besonderes Essen, wie sie sagt. Und die Fremden wären deshalb eingeladen, der Zubereitung beizuwohnen.

Maribel steht direkt unter dem Bild des Engels der Barmherzigkeit, der hier mit einem blutroten Granatapfel in der Hand abgebildet ist. Ihr Blick ist melancholisch und ihre Bewegungen sind zart. Ohne es zu wissen, reiht sie sich in die Galerie der Engel ein. Erst auf dem Weg zu Reginas Haus wird sie wieder zu einem irdischen Wesen und erzählt :

»Ich bin jetzt zwölf Jahre alt. Ich bin das älteste von neun Kindern. Meine Mutter ist gerade wieder schwanger. Deshalb muss ich viel helfen und auf meine Geschwister achtgeben. Ein Mädchen hier lernt früh die Tierpflege, das ist besonders wichtig. Jetzt darf ich schon alleine mit den Tieren auf die Weide. Da verbringe ich den ganzen Tag. Manchmal schlafe ich auch draußen.

In kleinen Steinhütten werden die frisch geernteten Kartoffeln lange gelagert. Durch das trockene, kühle Klima und die Dunkelheit können sie bis zu zehn Jahre aufbewahrt werden.

Und wenn ich Angst habe, dann singe ich oder spreche mit den Tieren. Oft aber denke ich an nichts und schaue einfach in die Landschaft. Mir gefällt es hier. Ich mag die hohen Berge.«

Maribel hat ein weises Gesicht. So, als trüge sie längst alle Geheimnisse der Berge mit sich herum. Auf ihren großflächigen Wangen liegen runde Lederpölsterchen, die sich durch die extreme Witterung und das starke Sonnenlicht gebildet haben. Alle Kinder tragen solche kreisförmigen Hornhäute auf der zarten Haut ihrer Wangen. Auch die Fußoberflächen zeigen lederne Stellen, denn Strümpfe werden nicht getragen. Wenn der Winter kommt und Schnee und eisigen Wind mit sich bringt, dann ziehen die Frauen sich noch einige wollene Unterröcke mehr an. Da kommen sie schon einmal auf zehn oder dreizehn Röcke, die übereinander getragen werden. Nachts wird auch nur der oberste Rock abgestreift, der, der aus besonders schönen Stoffen genäht ist. Und der Poncho, den jede Frau über ihren Schultern trägt, wird an beiden Enden mit einer kostbaren Nadel über der Schulter zusammengehalten. Alle Frauen hier sehen so aus, auch Maribel, die schon eine kleine Frau ist. Bald ist es soweit und sie wird einen der teuren Hüte bekommen.

Maribel führt uns an eine Stelle unweit des Hauses ihrer Tante gelegen. Frauen, Männer und Kinder stehen debattierend um ein Erdloch herum. Ein Mann hält einen Spaten in der Hand, andere beugen sich nieder, Kinder kratzen Erde mit ihren Händen, Mädchen laufen hin und her. Was tun sie? Ist da vielleicht ein wildes Tier? Es qualmt. Maribel führt uns direkt an die Stelle und zeigt aufs Loch. »Kartoffeln«, sagt sie. Einer der Männer kniet und kratzt ein wenig Erde beiseite. Er spricht, während er auf die dampfenden Steine deutet, die gerade noch im

Feuer lagen und jetzt in das Loch geworfen werden. Auf die heißen Steine werden nun Kartoffeln gelegt. Dann wird alles wieder mit Erde bedeckt. »Es dauert jetzt eine Weile, bis die Kartoffeln gar sind – mindestens eine Stunde«, erklärt Maribel. Alle Menschen in Calamarca haben dicke schwarze Erdränder unter ihren Fingernägeln. Wie kleine schwarze Halbmonde. Niemand hier würde sagen, dass das Dreck sei.

Wir warten auf die Kartoffeln. Maribel geht mit uns ins Haus ihrer Tante Regina. Regina und ihre Tochter Livia sitzen vor der Kochstelle. Regina ist 46, Livia ist 23 Jahre alt. Sie sehen einander nicht so häufig, denn ihre Häuser sind weit voneinander entfernt. Heute ist ein besonderer Tag, denn sie sind beisammen. Regina und ihre Mutter Tomasa sehen sich ebenfalls nicht sehr oft, aus demselben Grund.

»Wir haben viel Arbeit und kümmern uns um unsere eigenen Familien«, sagt Regina. »Neben dem Haushalt und den Tieren webe ich viel, um ein bisschen Geld zu verdienen. Im Moment ist Kartoffelernte. Da stehen wir schon früh um vier Uhr auf, bereiten das Essen für den ganzen Tag vor und gehen mit den Männern auf die Felder. Wenn die Sonne untergeht, schlafen wir. Strom gibt es nicht in meinem Haus, am Abend ist es dunkel.«

Livia erzählt mit den leuchtenden Augen einer Weinliebhaberin von der Herstellung der schwarzen Kartoffeln: »Sie heißen ›Tunta‹ und sind zehn Jahre alt. Im ersten Winter nach der Ernte werden sie für eine Nacht in der eisigen Erde vergraben. Am Morgen danach tauen sie. Dann werden sie kräftig ausgequetscht, bis alles Wasser heraus ist. Der Vorgang wird noch zweimal wiederholt. Danach werden die Kartoffeln in der Erde gelagert und man wartet, bis sie schwarz sind.« Wir durften davon kosten, der Geschmack ist sehr, sehr erdig.

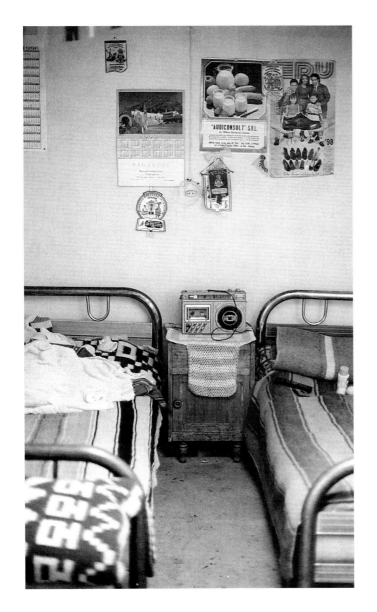

Livia hält eine Kartoffel für uns hoch. Sie ist tiefschwarz und wird nur zu besonderen Anlässen bereitet.

»Ich koche gern. Ich mag mein Leben hier oben. Ich weiß, wovon ich spreche, denn ich habe einige Zeit in La Paz gelebt und bin dort zur Schule gegangen. Da habe ich viel geweint und meine Familie vermisst. Die Indianer, die in La Paz leben, sind sehr arm und werden schlecht behandelt. Niemand respektiert uns. Das habe ich nicht verstanden. Nach zwei Jahren bin ich zurück nach Calamarca gegangen. Hier sind meine Menschen, meine Berge, meine Tiere. Und ich möchte, dass meine Tochter hier aufwächst. Die Schulen sind gut, und sie soll hier lernen.«

Ob Livia hier glücklich ist, möchten wir wissen. Sie sieht uns an und sagt lange nichts. Dann schaut sie verlegen auf den Fußboden.

»Glück, Einsamkeit, das sind Worte aus einer anderen Welt«, greift Antonia ein. »Wer hier aufgewachsen ist, lebt, wie er es gelernt hat. Manchmal ist das Leben gut, manchmal schlecht. Die Sprache der Aymaras kennt viele von unseren Wörtern nicht. Nicht einmal die Worte ›Ja‹ und ›Nein‹. Aber die Liebe und die Eifersucht, die kennen, leben und besingen sie.«

Bei dem Wort »Eifersucht« schallt eine rauhe Stimme von draußen durch die kleine Türöffnung. Tomasa sitzt draußen neben ihrer Enkeltochter Maribel und lacht. Sie hebt ihre rechte Hand, an der das oberste Glied des Zeigefingers fehlt.

Tomasa erzählt: »Mein Mann ist ein guter Mann. Ich habe ihn aus Liebe geheiratet. Wir haben uns immer die Arbeit geteilt. Und viele Fiestas zusammen gefeiert. Ich bin die beste *Wacka-Wacka*-Tänzerin vom ganzen Altiplano. Darauf ist mein Mann sehr stolz. Er hatte nie eine Geliebte. Auch hat er mich nie geschlagen. Nur auf Festen hat er sich manchmal geprügelt mit anderen Männern, aber nur, wenn er betrunken war. Dann habe ich ihm oft geholfen. Ich bin sehr stark. Aber einmal, da war er wirklich wütend auf mich. Ich war auf einer Fiesta und bin drei Nächte nicht zuhause gewesen. Als ich dann kam, nahm er meine Hand und biss aus lauter Zorn meinen Finger halb ab. Aber es war wohl meine Schuld und ich war ihm nicht böse. Doch er hat sich so erschrocken, dass er mit dem Finger im Mund zu seinem Bruder rannte. Der hat dann den Finger getrocknet und in einer Schachtel aufbewahrt. Meine Eltern haben gesagt, er soll sich entschuldigen. Das hat er dann getan. Aber meine Mutter hat besonders mit mir geschimpft. Sie sagt, ich wäre manchmal so eine Hexe und müsste mich nicht wundern.«

Tomasa kneift Maribel in die Wange. Maribel kennt die Geschichte und muss trotzdem lachen. Wir wollen uns gesellig zu den beiden setzen, denn die Sache mit den Kartoffeln, die noch in der Erde garen, unsere Hauptspeise, dauert. Kaum sitzen wir, springt Tomasa auf und führt Maribel auf die Weide. Sie möchte ihr noch etwas beibringen.

Währenddessen kommen die Männer zu uns. Sie sind freundlich und haben sanfte Stimmen. Sie sprechen über die Inkas und den Chacokrieg, an dem ihre Väter teilgenommen haben. Reginas Mann erzählt: »Tomasas Vater war im Chacokrieg. Er hat oft davon gesprochen.

Maria erwartet ihr zehntes Kind. Mit schwangerem Bauch macht sie sich frühmorgens auf den Weg zur Kartoffelernte.

Dann hat er immer gezittert. Er ist damals weggelaufen, wollte nicht kämpfen. Ein ganzes Jahr hat er sich in den Bergen versteckt. Er hatte keine Schuhe mehr, als er hier ankam, und aus seinen langen Haaren und dem Bart kamen schon die Würmer, so sagte er.«

Einer der Männer deutet auf zwei Berge, die eng aneinander geschmiegt vor uns aufragen. »Seht, die zwei sind unsere Schutzberge. Sie heißen *Casa Kata Loma*. Sie sind wie Mann und Frau. Also sind sie verheiratet. Der grüne Saum aus Bäumen liegt wie eine Kette um ihre Hälse und hält sie für immer zusammen. In ihnen wohnen die Götter, die uns vor den wütenden Blitzen beschützen.«

Jetzt kommen die Kartoffeln. Sie liegen auf einem großen Tuch vor uns auf dem Boden und qualmen. Dazu wird ein Stück Schafskäse serviert. Alle Familienmitglieder vereinen sich zum Festessen. Die Kartoffeln sind frisch geerntet und schmecken wie Pellkartoffeln. Man erklärt uns, dass man sie mit Hilfe der heißen Steine ohne Wasser garen kann, was von Vorteil ist, denn Wasser ist hier oben sehr rar.

Eine weitere Frau erreicht den Hof. Es ist Maria, die gekommen ist, um ihre Tochter Maribel zu holen. Ihre Hände sind schwarz von der Ernte. Sie war den ganzen Tag auf dem Feld und ist traurig darüber, dass sie nicht wirklich Zeit für uns hat. Sie kniet sich vor die qualmenden Erdäpfel und isst. Ihr kleines schwangeres Bäuchlein wird von den unzähligen Röcken, die sie trägt, gut gepolstert. Maria hat lebendige Augen, die zufrieden strahlen. Sie lacht uns an und macht Witze, die wir nicht verstehen. Aber wir glauben, erahnen zu können, was sie meint

und lachen herzlich mit. Maria erzählt: »In den Sommermonaten habe ich viel auf den Feldern zu tun. Zum Glück kann Maribel mir die Tierpflege abnehmen und sich um ihre kleinen Geschwister kümmern. Das entlastet mich. Im Winter nähen wir Schirmmützen. Sie sind modern, weil sie aussehen wie aus Amerika. Die jungen Leute mögen das. Die hören ja auch amerikanische Musik im Radio. Deshalb können wir die Mützen gut verkaufen und uns etwas Geld dazuverdienen. Mein Mann hat mir und Maribel das Nähen beigebracht. Wir haben sogar zwei Maschinen.«

Vor dem Haus erscheint hinter einer Staubwolke ein hupendes Landauto, dessen offenes Heck beladen ist mit Kindern, Kartoffeln und einem Hund. Hinter dem Steuer sitzt ein lachender Mann, Maribels Vater. Maria und ihre Tochter müssen gehen. Sie klettern auf das Fahrzeug und setzen sich zu den Kindern, den Kartoffeln und dem bellenden Hund.

»Adios und alles Gute ...«, schreien sie laut, und jedes der Kinder winkt mit seinen kleinen, von der Erde schwarz gefärbten Händchen. Die leuchtenden Alpaka-Mützen wippen bei jedem Schlagloch auf und ab. So fahren sie auf der langen Straße, die geradewegs in den Himmel führt.

Ein Sonntag in der Kirche

Am nächsten Tag ist Sonntag, und wir sind zum Gottesdienst eingeladen. Die Abendsonne wirft ihre letzten Strahlen auf die Engel. Familie Rojas sitzt in den vorderen Reihen und winkt uns herbei. Die Männer sitzen in der rechten Sitzreihe und die Frauen links, die Hüte auf dem Schoß. Der Pfarrer betritt den Altarraum und nennt in seiner Begrüßungsrede den Namen »Rojas«. Die Familie nickt ehrfürchtig. Dann sagt er den Namen »Paulina«.

Heute ist ihr Todestag, vor genau einem Jahr ist sie gestorben. Ihr zum Gedenken findet dieser Gottesdienst statt. Die Menschen singen und beten für die Seele der Verstorbenen. Tomasa weint. Jetzt sind ihre Tränen weich und leise. Sie versucht sogar, es zu verbergen.

In der Familie Rojas sind nicht alle getauft. Maria hat ihre Kinder taufen lassen. Damit sie nicht vom Blitz erschlagen werden. Sie erwartet, dass Maribel ein frommes und sittsames Leben führt und dem Alkohol entsagt. Maribel selbst möchte auf jeden Fall in Calamarca bleiben und nicht in La Paz zur Schule gehen. Sie liebt die Tiere, die Berge und das, was wir Einsamkeit nennen. »Aber vielleicht«, so sagt sie, »wird bald die neue Schule fertig sein, die noch im Bau ist. Und dann will ich gerne viel lernen und vielleicht sogar Lehrerin werden. Nähen kann ich schon.«

Vor der Kirche schenkt uns Maribel noch ein tiefes, letztes Lächeln.

Es ist Zeit, Abschied zu nehmen. Tomasa bittet um Geld für ihre verstorbene Mutter. Mit einer vollen Hand Bolivianos geht sie zum Lädchen und kauft Bier für alle. Vergnügt sitzt die Familie Rojas auf dem Dorfplatz und ruft kräftig im Chor: »Adios. Adios.« Sie winken noch lange hinter uns her und rufen viele Wörter, die wir nicht verstehen.

Viele Frauen vom Land verkaufen ihre Erträge in den nahegelegenen Städten. In den kleinen Marktständen richten sie sich häuslich ein, denn sie verbringen viele Tage dort, bis alle Waren verkauft sind. Die Babies werden zum Mittagsschlaf in Obstkisten oder Regalen untergebracht.

Japan, Tokio

Chiyoko, 91
Kazuko, 67; Michiko, 65
Toshiko, 44; Mayumi, 32
Yoko, 16; Akiko, 14

Familienfoto, v. l. n. r.: Yoko, Akiko, Toshiko San, Kazuko San, Chiyoko San, Michiko San, Mayumi San.

September – der Monat der Hasen

Wir sind in Japan. Es ist September, was bedeutet, dass wir etwas über den letzten Vollmond des ausgehenden Sommers erfahren dürfen. Dieser Monat ist den Hasen gewidmet, die in sämtlichen Formen übers ganze Land verstreut auftauchen: Hasen als Stäbchenhalter, Hasen über dem Mc Donalds-Logo, Hasenbilder an Tempeltüren, Hasenkerzen, Hasen auf der Titelseite der japanischen *Vogue*, Manga-Hasen, Hasen auf T-Shirts gedruckt, an Handies baumelnd, mal in pink im *Hello Kitty*-Design, mal traditionell, mal naturalistisch. Kurzum – der Hase ist überall und darf in keinem Haushalt fehlen.

Wir klingeln, öffnen die Tür einen kleinen Spalt, betreten den Marmor-Boden, ziehen unsere Schuhe aus und begeben uns ins Innere eines japanischen Hauses. Wir geraten in eine Frauenrunde, bestehend aus sieben Frauen. Was passiert, ist ungewiss. Werden sie eine Rolle spielen, wie es das öffentliche Leben unentwegt von ihnen verlangt, oder werden sie ein Stück des heiligen Privatgutes preisgeben? Wir werden ins Esszimmer geführt. Und dieses sieht, unter dem Sternenhimmel von Tokio, in einem modernen Haus, irgendwo gelegen in dieser Stadt ohne Zentrum, wie folgt aus: Der riesige Esstisch ist übersät mit Leckereien, die mit äußerster Sorgfalt hergerichtet sind. Der Tisch ist passend zur Jahreszeit mit Hasen geschmückt.

Goldene Bierdosen stehen sorgfältig angeordnet in der Mitte des Tisches und bilden ein Muster. Die Essstäbchen liegen perfekt nebeneinander auf den schmuckvollen Stäbchenhaltern, es

duftet dezent nach Sandelholz, der Raum ist leicht klimatisiert. Kaum stehen wir vor ihnen, springen die kleinen zarten Gestalten von ihren Stühlen auf und verbeugen sich tief.

Die Hierarchie ist festgelegt. Die Urgroßmutter zuerst, dann die Töchter, Enkeltöchter, Urenkel. Es dauert Minuten. Noch ist die Form gewahrt. Man bedeutet uns, Platz zu nehmen. Mayumi San (San ist die höfliche Anrede für jede Frau und darf niemals vergessen werden) übernimmt die Konversation. Sie ist ebenfalls eine Enkeltochter von Chiyoko San und steht außerhalb der direkten Linie der vier Generationen. Höfliche Fragen nach unserem Befinden folgen, danach das obligatorische Ritual: Visitenkarten werden ausgetauscht. Wir waren darauf vorbereitet, doch wir erfahren erst jetzt, warum diese Handlung so wichtig ist. Mayumi San und Tanja, unsere Dolmetscherin, erklären

Mit Hilfe der Visitenkarte ordnet sich jeder Mensch ein in das riesige Netz der sozialen Hierarchie. Dabei spielt jeder seine Rolle, mal oben, mal unten. Wer oben steht, darf allerdings niemals dazu verleitet werden, seine Position zu missbrauchen.
Wir erfuhren von vielen Menschen, mit denen wir sprachen, dass dieses Rollenspiel, dessen sich jeder bewusst ist, das Leben außerordentlich erleichtert und klar strukturiert. So springt jeder Mensch von Rolle zu Rolle und ist von Stunde zu Stunde, gar von Sekunde zu Sekunde ein anderer Mensch.

uns den Sinn der Prozedur. Sie dient der schnellen Erkennung und Zuordnung, offenbart den Rang und die Position, wie auch das Alter. Danach folgen die Geschenke. Gastgeber und Gäste tauschen unzählige kunstvoll eingewickelte Päckchen aus. Der Wert eines Geschenks erzählt viel über die Beziehung zueinander und beschreibt die gegenseitige Achtung.

Das Essen wird serviert. Die Stimmung verändert sich, als wäre ein Schalter umgelegt worden. Nachdem die Formalitäten erledigt, die Hierarchien geklärt wurden, entspannt sich die Situation. Es wird getratscht, gekichert, getrunken, gegessen – sogar aus dem Leben erzählt, dem privaten, empfindlichen Leben. Bald stehen volle und leere *Saporro*-Bierdosen verloren zwischen den Häschen, Essstäbchen nehmen die Ordnung eines Mikado-Spiels an, und Mayumi San steht in Jeans, einem Westernhemd und einer Küchenschürze auf der Sofakante und fotografiert eine entspannte Frauenrunde, die sich angeregt über traditionelle und moderne Geishas, über Frauenrollen, Umweltschutz, Teezeremonien und ein Leben im modernen Japan unterhält. Dabei heizt sie uns so ein, als wäre sie eine Filmregisseurin, die den Schauspielern immer wieder zuruft: Weiter so, ja das ist das richtige Leben. Dabei kichert sie verzückt, wie man es von einer japanischen Frau erwartet, die gerade über die Stränge schlägt.

Nach dem Essen werden wir ins Tatami-Zimmer geführt. Da stehen mächtige Figuren aus antiken Zeiten, ein Flügel und einige Biwas. Toshiko San setzt sich an den Flügel, ihre zwei Töchter gesellen sich zu uns, die anderen Frauen verteilen sich auf die Matten. Alle sitzen aufrecht, die zarten Hände in den Schoß gelegt. Ein *Tablau vivant* baut sich vor uns auf.

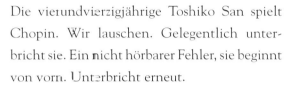

Die vierundvierzigjährige Toshiko San spielt Chopin. Wir lauschen. Gelegentlich unterbricht sie. Ein nicht hörbarer Fehler, sie beginnt von vorn. Unterbricht erneut.

»Ich muss es richtig spielen. Es sind nicht die Noten. Wenn ich spiele, versuche ich, ganz nah bei ihm zu sein. Chopin ist so verzweifelt. Das gefällt mir, trifft mein Herz. Es ist die Kombination aus Männlichkeit und Sensibilität. Ich muss das Gefühl treffen, das seine Musik transportiert. Jetzt bin ich verlegen, weil es mir nicht gelingt.«

Sie lächelt höflich, die Hand vor den Mund haltend. Dann geht es weiter. Abwesend und ohne Unterbrechung. Endlich hat sie ihre Zuhörer vergessen. Das Gespräch vom Abendessen erreicht die Gedanken. Sie kommen daher wie von einem Laufband, das Sätze aus Leuchtbuchstaben bildet. Die Leuchtschrift wird musikalisch untermalt, von einer japanischen Klavierspielerin.

Toshiko Sakurei, geb. Kubo, wollte Pianistin werden. Früh lernte sie an der *Yamaha*-Musikschule. Doch weil es im Leben meistens anders kommt als man denkt, arbeitet sie heute als Klavierlehrerin. Sie sei nicht gut genug gewesen, beteuert sie. Aber glücklicherweise lernte sie während ihres Studiums ihren Mann kennen.

»Wir beide, oder besser gesagt ich war nicht idealistisch genug, mir ein Leben als Künstlerin vorstellen zu können. Besonders, nachdem die Kinder zur Welt kamen.«

Am Anfang war die Liebe heimlich. »In dieser Beziehung war mein Vater sehr streng. Er duldete die Liebe nicht, denn er wusste, dass man als Musiker grandios sein muss,

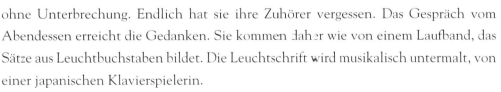

um seinen Lebensunterhalt zu verdienen. Das traute er dem Mann meiner Träume nicht zu.«
Sie musste sich also der Tradition des *Omiei* stellen. Toshiko San überstand die Prozedur mit
einem lachenden und einem weinenden Auge. Ihr heutiger Mann wusste davon, doch nach
ihren Angaben war er sehr geduldig, zweifelte nicht an ihrer Liebe. Und heute gesteht sie, dass
es ihr sogar ein wenig Spaß bereitete, denn es war immer ein Ausflug in andere Lebenswelten,
und sie übte sich in vielen verschiedenen Rollen. Eigentlich ist es ihr auch gar nicht so recht,
darüber zu reden, denn sie tat es für den Vater. Und der war lange Zeit sehr hartnäckig, doch
ihre Tante Michiko San, die Mutter von Mayumi San, half ihr, den Vater zu überzeugen.
»Es ist auch eine kleine Prüfung. Die Eltern widersetzen sich häufig und stellen die Verbindung

in Frage. Man muss sehr standhaft bleiben und zu seiner Liebe stehen. Sich selbst hinterfragen. Das ist gar nicht so schlecht.«

Toshiko San spielt weiter. Es folgt etwas von Rachmaninov, den sie wegen der Kadenzen mag. Die künstlichen Spruchbänder laufen weiter. Wort für Wort. Satz für Satz. Wenn alles gesagt ist, fängt es wieder von vorne an. So wie Gedanken immer wiederkehren, nicht ruhen wollen. Vor vier Jahren erkrankte Toshiko San an Lungenkrebs. Heute hat sie die Krankheit überwunden, ein Teil ihrer Lunge fehlt, aber ihr geht es gut. So sagt sie. Eine weitere Prüfung, nicht nur für sie selbst, sondern auch für die Familie und die Ehe mit ihrem Mann Daigo, der es geschafft hat, als Pianist seinen Lebensunterhalt zu verdienen. Toshiko San ist Atomenergie-Gegnerin, leitet Bürgerinitiativen, demonstriert, sammelt Unterschriften. »Unser Land hatte schon einmal eine Begegnung mit nuklearer Energie. Hiroshima ist unser Trauma. Doch zu viele haben es längst verdrängt. Ich kann nicht verstehen, warum die Menschen nicht lernen.«

Rachmaninov ist leise geworden und Toshiko Sans Augen glitzern. Die letzten Töne verklingen. Auf den Tatamis gibt es eine vorsichtige Bewegung. Die blütenweißen Hände, die eben noch unschuldig in den Schößen der Frauen und Mädchen lagen, bewegen sich unbemerkt einige Zentimeter in die Höhe und klatschen respektvoll, ohne Lärm zu verursachen. Wer weiß, welche Leuchtschriftbänder die anderen Frauen vor ihrem inneren Auge lesen konnten, während Toshiko San spielte. Sie, so ist zu vermuten, war für einen Moment Chopin und kurz danach Rachmaninov. Mayumi San steht auf, um eines der sorgfältig aufgereihten Saiteninstrumente zu sich zu holen. Die Biwa, das Familieninstrument, das zu spielen sie von ihrer Großmutter lernte. Noch mit der Schürze bekleidet und mit weitaus lauterem Temperament als ihre Cousine Toshiko San ausgestattet, beginnt zu spielen und zu singen. Das Tableau der sitzenden Frauen ist weiterhin unbewegt, nur die Richtung der Köpfe hat sich von Osten nach Westen gedreht.

Die gefältelten Jacken aus durchscheinender Seide werden über dem Kimono und nur zu Biwa-Aufführungen getragen. Die Kordel, mit der man sie schließt, heißt »Hovi«.

Erneut treffen in schnellem Wechsel Welten und Geschichten aufeinander. Aber wir scheinen die einzigen zu sein, denen es Mühe bereitet, schnell umzuschalten. Mayumi San verändert ihr Wesen, je länger sie singt, von der Köchin zu einem herben Shoghun-Wesen, das irgendwo in einem Tokioter Holzhaus – natürlich vor dem großen Erdbeben – neben einem Reisweinfass sitzt und eine Kaiseranekdote zum besten gibt. Die für den Körper ungewohnten Töne verzerren ihr Gesicht, die Mundwinkel sind nach unten gedrückt, die Augäpfel kullern in alle Richtungen. Zum Glück ist da noch die Schürze, die uns das Gefühl für eine andere Realität nicht vergessen lässt.

Während sie die letzte Strophe singt, schaut sie uns an und schmunzelt. Sie endet plötzlich, und dreißig Minuten später – Abschied nehmen dauert lang – sitzen wir im klimatisierten Toyota. Am Steuer sitzt Mayumi San und summt zu den Flamenco-Klängen aus dem Cassettenrecorder. »Wisst ihr eigentlich, warum ich angefangen habe, Flamenco zu tanzen? Das fing alles an mit Katharina Witt. Sie tanzte einmal Flamenco auf dem Eis. Ich verliebte mich sofort in das wunderschöne Kleid. Kurze Zeit später erfuhr ich von der Flamenco-Schule und meldete mich an.«

Es ist Mitternacht und der Verkehr hat sich beruhigt. Vereinzelt gehen Nachtmenschen durch die bunt erleuchteten Straßen. Die vielen Lichter der Hochhäuser funkeln wie Sterne.

Beim genaueren Hinsehen entführen die Lichter unsere Augen in das Innenleben der vielen Büroräume. Hier und da kann man Angestellte erkennen, die im hellen Neonlicht an ihren Schreibtischen sitzen. Immerzu das gleiche Bild, Fenster an Fenster. Ein Mann mit schwarzen Haaren, bekleidet mit einem hellblauen Oberhemd, das Gesicht auf einen Computer gerichtet, der die Muster des Bildschirms auf die helle Gesichtshaut projiziert. Die Fensterausschnitte sind wie seriell angefertigte Leinwandbilder. Jetzt verstehen wir, weshalb die Menschen in den U-Bahnen immer schlafen. Die Nacht dient nicht diesem

Zweck. Alle Menschen scheinen wach zu sein, sich der Arbeit oder dem Vergnügen zu widmen. In weiter Entfernung leuchtet das Riesenrad des Vergnügungsparks. Irgendwo geht ein Feuerwerk in die Luft. Die Videoleinwände der unzähligen Firmen sind kleine Freilichtkinos. Auf der Omote Sando, der Prachtstraße Tokios, laufen die Modenschauen von *Halston*, *Gucci* und *Fiorucci*. An einer Stelle hat sich eine Menschentraube versammelt, ein improvisiertes Nachtlager baut sich auf.

»Die übernachten hier und warten darauf, dass die Türen geöffnet werden. Morgen ist die Eröffnung von *Louis Vuitton*. Zu diesem Anlass gibt es Taschen in limitierter Auflage. Die will natürlich jeder haben.« Mayumi San kommentiert dies alles mit großer Gelassenheit und muss über unsere Irritation lachen. Die Sammelleidenschaft und der Anspruch auf Exklusivität sind auch ihr nicht fremd.

Doch ihr Interesse gilt heute anderen Dingen. Und so wahnsinnig wie die, behauptet sie, sei sie nun auch wieder nicht. Ihre Aufregung bezieht sich momentan auf den morgigen Tag, an dem die Großmutter Chiyoko San ihren Auftritt bei dem größten nationalen Radio- und Fernsehsender hat.

Für Chiyoko San beginnt der frühe Morgen in ihrem Garten. Anschließend geht sie ihrer Leidenschaft, dem Einkaufen nach. Es folgt eine kurze Mittagspause, bis ihre »Mädels« (alle etwa 80-jährig) zum Biwa-Unterricht erscheinen. Am frühen Abend kniet sie vor dem kleinen Altar nieder, um an ihren verstorbenen Mann zu denken. Dann setzt sie sich in einen dicken ledernen Fernsehsessel und lässt den Tag mit einem Krimi und einem Glas Whisky ausklingen.

Familienporträt links: Die junge Familie Kubo – ganz links Kazuko, hinter ihr der Vater Masayoshi Kubo, in der Mitte Chiyoko San mit ihrem kleinen Sohn Takeshi, rechts Michiko, hinter ihr das Kindermädchen. Das Hochzeitsbild rechts zeigt Kazuko San mit ihrem Mann, den sie über die traditionelle Heiratsvermittlung »Omiei« kennenlernte.

IM TONSTUDIO

Mayumi San hat durch das Biwa-Spiel eine besonders starke Verbindung zu ihrer Großmutter. »Sie war meine einzige Lehrerin. Alles, was ich über das Saiteninstrument und den Gesang weiß, verdanke ich ihr. Durch sie lernte ich nicht nur das Handwerk, sondern auch die Verbindung zum Instrument, zur Tradition, zu den Texten und die wichtige Atemtechnik. Das alles gehört zusammen und ist niemals getrennt voneinander zu erlernen.«

Wir sind im Foyer des Senders verabredet. Töchter und Enkeltöchter bilden einen Kreis um die kleine, zarte Dame, die in ihrem grauen Kimono fast verloren wirkt. Mit ihren einundneunzig Jahren steht sie da, ihr Gesichtsausdruck wirkt verletzbar. »Sie ist nervös.« – Mayumi San nimmt uns beiseite. Sie ist ebenfalls aufgeregt und erklärt uns, dass dieser Moment für die Großmutter der Höhepunkt ihrer musikalischen Biografie ist. Denn das Biwa-Spiel hatte in den Stationen ihres Lebens viele verschiedene Bedeutungen. Als Chiyoko San gerade erst vier Jahre alt war, starb ihre Mutter. Auch Chiyoko San war kränklich, die Lungen waren zu schwach und der Vater sorgte sich sehr. Nach dem Verlust seiner Frau wollte er nicht noch einen weiteren Todesfall in der Familie hinnehmen müssen. Also begab er sich auf die Suche nach einer natürlichen Medizin, die die Lungen seiner Tochter stärken und die Atmung aktivieren würde. So wurde ihm das Biwa-Spiel empfohlen, denn die dazugehörige Gesangsausbildung ist mit einer ausgezeichneten Atemtechnik verbunden. Der Vater fand eine Lehrerin für sein kleines Mädchen, und Chiyoko San begann im Alter von dreizehn Jahren das Biwa-Spiel. Man sagt, es habe ihr das Leben gerettet, denn nach nur einem Jahr war aus dem zerbrechlichen Wesen ein kräftiges junges Mädchen geworden. Chiyoko San erzählt uns aus ihrem langen Leben, das im letzten Jahr der Amtszeit des großen Kaisers Meiji begann. Ihre Eltern waren feine,

Chiyoko Sans Sohn Takeshi ist heute Leiter der Schule, die sein Vater nach dem Krieg gegründet hatte.

wohlhabende Leute, so sagt sie, von denen sie unendlich viel Liebe empfangen habe. Wenn Chiyoko San von den Eltern spricht, meint sie nicht nur ihre leibliche Mutter, die viel zu früh starb. Ihr Vater heiratete eine neue Frau, von der sie mit Güte und Respekt spricht.

»Meine Stiefmutter liebte mich wie ihr eigenes Kind. Zudem hat sie mir einen besonders großen Gefallen getan. Nicht etwa absichtsvoll. Jedoch für mich von unendlicher Bedeutung. Sie schenkte mir, ich war gerade achtzehn Jahre alt geworden, einen Bruder. Er war nicht nur das große Glück für unsere gesamte Familie, er erleichterte mir auch meinen eigenen Lebensweg. Durch ihn konnte mein größter Wunsch in Erfüllung gehen. Ich durfte aus Liebe heiraten und wurde nicht mit Hilfe des *Omiei* vermählt, denn mein Bruder sollte von nun an den Namen und die Bürde der Familie auf sich nehmen. Ich wurde von der Last befreit.«

Mayumi San, die diesen Teil aus der Geschichte ihrer Großmutter in allen Details kennt, vervollständigt die Passage aus dem jungen Leben einer Biwa-Spielerin. Man schrieb das Jahr 1931, genaugenommen das fünfte Jahr der Showa-Periode.

Die junge Frau, die sich, angespornt durch die Öffnung Japans dem Westen gegenüber, nicht mehr ausschließlich in seidene Kimonos hüllte, sondern auch Röcke, Blusen und dazu einen sportlichen Kurzhaarschnitt trug, lief tagein tagaus, die Biwa über der Schulter tragend, zu ihrem Musikunterricht. Nur eines vermochte sie nicht zu verlernen: die winzig kleinen Trippelschritte.

»Sie war cool, was?« Mayumi San schwärmt von ihrer Großmutter. »Sie hat immer ihren eigenen Weg gefunden. So hat sie es auch tatsächlich geschafft, die große Liebe ihres Lebens zu heiraten.«

Mayumi Sans rechte Hand begegnet der linken Brust, unter der das Herz einer wahren Romantikerin schlägt. Wahrscheinlich zitiert sie gerade eine Geste aus ihrer Lieblings-Daily-Soap, die sie an keinem Tag je verpasst hat. »Ich habe den Richtigen noch nicht gefunden. Aber ich werde die Hoffnung nicht aufgeben«, lacht sie.

»Es war Liebe auf den ersten Blick. Sie war zwanzig, er achtundzwanzig Jahre alt. Er folgte ihrer Musik auf allen Konzerten und bei jedem feierlichen Anlass, bei dem meine Großmutter zugegen war. Der junge Ingenieur, der der japanischen Marine diente, und die zarte Biwa-Spielerin wurden ein Paar.«

Toshiko San mischt sich ein. Ihre Augen leuchten wie die ihrer Cousine. »Meine Großeltern waren berühmt als das große leidenschaftliche Paar. Beide waren wunderschön, Großmutter war bekannt für ihr modernes Auftreten und die ungebrochene Hingabe zu ihrem Instrument. Außerdem hatte die Biwa zu der Zeit eine Renaissance erfahren. Es war die Amtszeit des Kaisers Showa. Der Abschnitt eines neu entflammten Nationalismus. Die traditionellen

Mayumi San hat uns sehr dabei geholfen, dem Wesen der japanischen Kultur ein wenig näher zu kommen. Sie hat uns begleitet bei all den Dingen, die in Japan nun einmal anders sind als sonst in der Welt: dass die Menschen eher in Bildern denken als in aufeinander folgenden Gedankenketten. Dass Wörter nicht aus Buchstaben, sondern aus Symbolen gebildet werden. Dass Bücher von rechts nach links und von hinten nach vorn gelesen werden. Dass ein Bad vor dem Zubettgehen genommen wird. Dass die Gepäckbänder anders herum laufen, so auch der Verkehr. Dass man immerzu die Schuhe ausziehen muss, wenn man ein Haus betritt.

Mayumi San beim Tanz in der Flamencoklasse.
Der Wunsch, diesen Tanz zu erlernen, wurde durch ein Eistanzkostüm von Katharina Witt ausgelöst…

Lieder, die meine Großmutter immer schon aus tiefstem Herzen sang, dienten zu der Zeit dem starken Heimatgefühl und wurden gerne für die niederen Ziele der Politik missbraucht, weil sie kriegerische Heldentaten glorifizierten. Auch wenn meine Großmutter niemals derartige Intentionen hatte, wurde sie von einigen Menschen mit anderen Augen betrachtet. Mein Großvater jedenfalls war ein Held der anderen Sorte, ein außergewöhnlicher Mann, so ganz und gar nicht mit kriegerischen Machtgelüsten ausgestattet. Er verwöhnte seine Frau, beschenkte und erhöhte sie, indem er die ehrliche Liebe zur Musik teilte und sie als Künstlerin förderte. Ein solches Verhalten galt in diesen Zeiten nicht als besonders männlich. Er war ein starker Mann, der sich Schwächen und Sensibilität leisten konnte und seine Emotionen nicht verbarg, zudem war er sehr unkonventionell, denn er hat seine Frau als gleichberechtigte Partnerin behandelt und diese Haltung vor niemandem verborgen.« Mayumi San stößt einen schweren Seufzer aus. »Dieses Paar soll mein ewiges Vorbild sein. Ist es denn verwunderlich, dass ich so anspruchsvoll bin?«

Die Redakteurin des Senders kommt durch den langen, sterilen Gang. Die stille Geschäftigkeit in den verschachtelten Wegen der Flure erinnert an die Atmosphäre in einem Krankenhaus. Es ist ein mehrgeschossiges, ganz auf Funktionalität ausgerichtetes Gebäude aus den sechziger Jahren. Die Redakteurin nähert sich unserer Sitzecke, die ausschließlich von Frauen belagert ist. Chiyoko San hat sich die letzten fünfzehn Minuten unseres Gesprächs höflich abgewendet und sich einem meditativen Innenleben hingegeben, während wir von der großartigen Liebesgeschichte eines außergewöhnlichen Paares erfahren haben – ihrer Liebesgeschichte. Auch wenn der zarte Körper im grauen Kimono bei uns ist, sein Geist ist ganz versunken in Vorbereitung auf die nun folgende Musik, die im ganzen Land zu empfangen sein wird. Es geht los. Die Redakteurin verbeugt sich mehrfach und geleitet die zierliche Frau in den Aufnahmeraum. Wir anderen dürfen im Tonstudio Platz nehmen. Da sitzt sie in diesem riesigen weißen Zimmer hinter einer Glasscheibe auf einer Tatami. Vor ihr stehen mehrere Mikrofone,

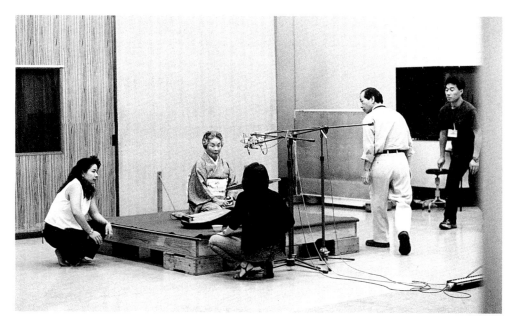

neben ihr sitzt Mayumi San, die in den letzten Sekunden ihre Hand hält. Chiyoko San stimmt das Instrument und Mayumi San horcht scharf und korrigiert. Jetzt ist es so weit. Das rote Licht vor der Tür leuchtet auf, und die Aufnahme beginnt. Keine der Frauen wagt es, sich zu bewegen. Selbst die Tontechniker stehen voller Ehrfurcht hinter ihren Mischpulten und beobachten das, was hinter der Glasscheibe passiert. Chiyoko San öffnet ihren kleinen Mund und stößt kehlige Töne aus, begleitet von den tiefen Schwingungen der Basssaiten. Ihre Töchter hören angespannt zu. Sie sitzen wie gebannt.

Bis plötzlich ein leises Schluchzen im Raum zu hören ist. Die Redakteurin weint. Und während sie vorsichtig in ein Taschentuch schnieft, wird es hinter der Glasscheibe leise, bis die Musik verstummt. Chiyoko San ist erleichtert und verlässt verwirrt das Studio, gestützt von ihrer Enkeltochter.

Kein Instrument, kein Gesang und kein Text vermag mehr Geschichte von Japan zu vermitteln als die Biwa-Musik. Sie war es, die allen kulturellen Ereignissen der letzten Jahrhunderte zum Ausdruck verhalf. Zunächst begleitete man mit ihr die religiösen Gesänge der Mönche, danach wurde sie mit ihren Liedern Teil der Hochkultur des japanischen Theaters. Später diente sie der profanen Unterhaltung in düsteren Spelunken, im Nationalismus wurde sie wiederentdeckt und wird heute als Teil einer langen Tradition verehrt.

Frieden mit einer Tasse Tee

Am Tag vor der Abreise treffen wir Chiyoko San und ihre Tochter Kazuko San im Haus der Tochter Michiko San, der Mutter von Mayumi San.
Mayumi San bedenkt den gestrigen Tag und erzählt ihrer Großmutter,
wie sehr sie die Liebesbeziehung schätzt, die ihre Großeltern führten.

»Oh ja«, beteuert Chiyoko San, »wir waren ein schönes Paar. Doch auch
wir hatten schwere Zeiten. Und heute kann ich sagen, dass eine Beziehung
daran wächst. Während des Krieges musste mein Mann lange Zeit nach
Korea. Damals hatte ich schon drei Kinder und lebte allein in Saseho im
Süden Japans, unweit von Nagasaki.

Von 1940 bis 1942 durfte ich ihn besuchen. Es war nach dem Angriff auf
Pearl Habour. Mein Mann dachte, ich sei sicherer an seiner Seite. In Korea
gebar ich mein viertes Kind. Doch auch hier wurde die Situation immer
gefährlicher, und er schickte mich zurück nach Saseho. Während der
Angriffe versteckte ich mich in einem großen Loch, das wir in die Erde
gegraben hatten. Zuerst warf ich meine Kinder dort hinein, dann meine
Biwa und als letztes mich selber. Die Angst konnte ich überwinden – oft
mit Hilfe der Musik. Ich lenkte mich und meine Kinder ab und spielte,
während die Bomben fielen.

Dann vermehrten sich die Angriffe, und ein Marine-Offizier, den mein
Mann entsandte, begleitete uns in die Provinz nach Unoki. Es war der
4. August. Am 6. August fiel die Atombombe auf Hiroshima, am 9. August
auf Nagasaki. Wir hatten unendlich viel Glück, dank des Gespürs meines
Mannes. Am 15. August erklärte Kaiser Showa die Niederlage.

»Cha-no-yu«, die Teezeremonie, fand ihre Vollendung im 16. Jh. durch einen Mann namens Rikyu. Es gibt verschiedene spirituelle Ausrichtungen – Kazuko San übt die Form des »Urasenke« aus. Es bedeutet Frieden, Respekt, Reinheit, Ruhe.

›Es ist vorbei. Ich bin nicht Gott. Wir sind besiegt.‹ Diese Worte klingen noch heute in meinen Ohren. Ich war erleichtert. Es war vorbei. Ich hatte nicht das Gefühl, verloren zu haben, denn bei diesem Krieg gab es nichts zu gewinnen.«

Chiyoko Sans Stimme ist tief und leise. Während sie spricht, fixiert ihr Blick einen Punkt im Zimmer. Sie ist außerordentlich konzentriert, erinnert sich präzise an Begebenheiten, Daten, Ereignisse. Ihre Töchter und Enkeltöchter hören gebannt zu, stellen Fragen, so als würden sie ihre eigene Familiengeschichte vervollständigen. Immer feiner webt sie das Netz der Erinnerungen. Den kleinen seidenen Fächer bewegt sie langsam unterhalb ihres Kinns. Das Handgelenk bewegt sich kaum. Sie atmet tief.

»Dann kam die Zeit der großen Flucht. Mein Mann war zurückgekehrt und in Miyakonojo/ Kyushi ließen wir uns nieder. Wir eröffneten einen kleinen Vertrieb und importierten Werkzeuge. Die letzten beiden Kinder kamen zur Welt, und wir richteten uns langsam wieder ein. Das, was wir hier erlebten, ist dem ganz ähnlich, was auch in Deutschland passierte. Der Wiederaufbau, die Alliierten, die anti-nationalistische Erziehung. Dazu gehörte im übrigen auch das Verbot des öffentlichen Biwa-Spielens. Welch ein Schmerz. Aber ich war auch nicht wirklich damit beschäftigt, mein Leben als Künstlerin fortzusetzen. Unsere kleine Firma, die sechs Kinder, die trotz des Kindermädchens immer viel Aufmerksamkeit brauchten. Mein Mann engagierte sich in der Lokalpolitik. Er wurde Mitglied der Liberal-Demokratischen Partei. Er machte sich für den Bildungssektor stark und eröffnete bald darauf eine Schule. Die Folgen des Krieges hatten meinen Mann sehr gezeichnet. Sein Ziel war die Erziehung einer besseren Jugend.« Ohne Ankündigung wird der Tisch gedeckt. Sushi-Röllchen in vielen bunten Farben füllen die Teller.

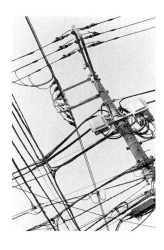

Kazukos Sans Ehe wurde arrangiert. Noch heute existieren die Fotos der Heiratsvermittlung Omiei, die sie uns zeigt. »Durch die Ehe habe ich das elterliche Haus verlassen müssen.

Um den Schmerz der Trennung besser ertragen zu können, schaute ich täglich in den Himmel und verfolgte den Weg der Wolken. Vielleicht erreichen sie bald meine Mutter, dachte ich bei mir. Wir schrieben uns damals viele Haikus. Die lauteten ungefähr so:

Sonne oder Mond machen mir nur wenig aus, denn zu keiner Zeit, ob sie scheinen oder nicht, kommst du mir je aus dem Sinn.«

»Heute leben wir in Harmonie mit der Familie, auch wenn wir oft getrennt sind. Das sind die Früchte der Erziehung meines Mannes.«

Harmonie – das Stichwort für Kazuko San, Chiyoko Sans älteste Tochter, geboren 1935. Kazuko San ist Meisterin der Teezeremonie. Da eine Teezeremonie so ganz und gar nichts mit der profanen Idee von Tee zubereiten und Tee trinken zu tun hat, folgen zunächst die knappen Erklärungen von Kazuko San:

Die Teezeremonie unterliegt strengen Regeln, die zu erlernen es Jahre braucht. Ein Herr Namens Rikyu brachte im 16. Jh. das Ritual zu seiner vollständigen Blüte. Was er erschuf, wird noch heute zelebriert. Der ideologische Geist des Rituals beruht auf Harmonie, Ruhe, Ausgeglichenheit, Selbstdisziplin und Reinheit. Die Teezeremonie ist eine Art ästhetisierte Vergangenheit. Das Ritual dient der inneren Ruhe und der Meditation. Heutzutage ist es zugleich eine Form der Höflichkeit und des guten Benehmens. Man benutzt dazu einen besonders feinen Grünen Tee. Die Zubereitung unterliegt strengen Formen. Der gesamte Raum wird eigens für die Zeremonie hergerichtet, Weihrauch dient der Reinigung. Getrunken wird in Gesellschaft, als Zeichen der besonderen Kommunikation.

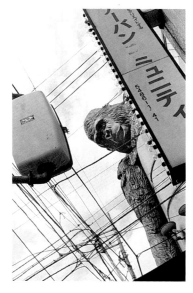

Diese Kurzfassung, die Kazuko San uns mit auf den Weg gegeben hat, entspricht durchaus nicht dem großen spirituellen und künstlerischen Wesen der Teezeremonie. Es soll eine »kleine Erklärung für die Deutschen« sein. Jetzt hält Kazuko höflich die Hand vor ihren leicht geöffneten Mund und kichert. Das Kichern, ein HiHiHi, ist ebenfalls streng stilisiert. Ihr klares Gesicht, die schlichte Kleidung, das graue, kurze Haar haben etwas sehr Puristisches. Im Vergleich zur Mutter, die Kimonos und Hosen trägt, die Krimis liebt und Biwa spielt, die neben dem

Familienschrein jede Menge Nippes versammelt, ist Kazuko deutlich klarer, strenger und disziplinierter. Durch die Anwendung und Lehre der Teezeremonie ist ihre Geisteshaltung streng der zurückhaltenden japanischen Ästhetik zugewandt.

»Ich bin zwar nicht dogmatisch, denn das würde der Idee ganz und gar entgegenwirken, aber vielleicht so etwas wie eine Visionärin. Ich habe Ideale und empfinde die Ausübung der Tee-

zeremonie als so etwas wie eine Mission. Innerhalb der Teezeremonie gibt es unterschiedliche Formen, spirituelle Grundsätze. Ich übe die Form des ›Urasenke‹ aus. Es bedeutet Frieden – Respekt – Reinheit – Ruhe. Das alles muss erlernt werden. Urasenke dient dem Erhalt des Friedens. Frieden mit einer Tasse Tee.

Ich vermute, diese Vorliebe ist eine starke Prägung durch meine Eltern in der Nachkriegszeit. Mein Vater war ein großer Humanist. Das heutige Japan hat sich sehr geöffnet. Auch wenn ich die Tradition verbreite und lehre, so bin ich der noch keine Feindin der Technik oder der Modernität. Ich glaube daran, dass sich Tradition und Moderne durchaus begegnen können. Es ist der Geist der Tradition und nicht die rituelle Ausübung, von der ich spreche. Seit dem 11. Septem-

ber bin ich erneut darin bestätigt, meinen Glauben an die Teezeremonie zu festigen und sie unermüdlich zu vermitteln. Es ist das Gespräch, die Ruhe, die Kunst des Zuhörens, die eigene Redlichkeit, die ich vermitteln möchte. Und natürlich den Sinn für Schönheit und Reinheit.«

Nach der engagierten Rede, die, wie sie selbstironisch kommentiert, ein wahres Plädoyer für die Teezeremonie – nein – für den Frieden ist, lehnt sie sich gelassen zurück und genießt die Süßigkeit, die dem Sushi folgt.

Amae

Chiyoko San ist zwar sehr erschöpft, doch der Blick in die lebendige Runde erfüllt sie mit großem Glück. Besonders wenn die Tür sich öffnet und die beiden Großenkel sich zu ihr setzen.

Yoko ist sechzehn und im Jahr des Tigers geboren. Akiko ist zwei Jahre jünger und ein Drache. Sie gehen beide zur Schule. Wie ihre Mutter Toshiko liebt Yoko die Musik ebenfalls. Aber sie bevorzugt Pop-Musik und ist verrückt nach Karaoke.

»Darin bin ich schon recht gut. Ich mag besonders Girl-Groups wie die *Spice Girls* und *Sugarbabes* nachsingen. Aber ich spiele auch Klavier. Gerne mit meiner Mutter. Es ist schade, dass meine Urgroßmutter so weit von uns entfernt wohnt. Wenn ich an sie denke, sehe ich viele warme Farben.« Verlegen windet sie sich in den Armen ihrer kleinen Schwester, die eine Vorliebe ganz besonders mit ihr teilt: »Wir hätten so gerne eine kleine Katze. Aber das ist nicht gut in der Wohnung, in der wir wohnen.« Und Akiko, die etwas mutiger ist als ihre Schwester, beugt sich vor, mit ihren festgebundenen Zöpfen, gehalten durch bunte Haarspangen.

»Deshalb möchte ich gerne Tierärztin werden und wilde Tiere heilen. Ich vermisse meine Urgroßmutter auch. Doch obwohl sie so weit weg ist, hat man immer das Gefühl, dass sie ganz nah ist. Und meine Großmutter sehe ich fast täglich. Sie ist sehr lieb und zeigt uns die Teezeremonie. Dazu erzählen wir viel. Auch mit unserer Mutter können wir über alles reden.«

Chiyoko San freut sich über die Worte der Urenkelin. Doch nun bittet sie uns, sie zu entschuldigen. Ein paar Minuten möchte sie ruhen vor ihrer Abreise. Also verabschieden wir uns und lassen die Familie noch einige Stunden allein. Schließlich wohnen Kazuko San, Toshiko San, Akiko und Yoko in Mito, das mehr als tausend Kilometer von Chiyoko Sans Haus entfernt liegt. Nun verabschieden wir uns endgültig. Wir haben den Eindruck, als habe sich in den letzten Tagen durch das Zusammentreffen der Familie ein Gefühl der Liebe in der Luft des Hauses

von Michiko San ausgebreitet. So etwas wie der Geist der Kubo-Familie, innere Harmonie und gegenseitiger Respekt. Wir äußern unsere Beobachtung und lernen etwas über ein japanisches Wort. Michiko San, Mayumi Sans Mutter, die sich während der letzten Tage sehr zurückgehalten hatte, reagiert als erste auf unsere Bemerkung.

»Wisst ihr, hier in Japan gibt es ein Wort, das heißt *Amae* und hat seine Wurzeln im Wort *Ama*. *Ama* bedeutet so viel wie Speise, eine Leckerei, eine besondere Delikatesse.« Yoko, ihrer Nichte, fällt dazu ein passendes Beispiel ein, das uns ziemlich gut verstehen lässt, was gemeint ist:

»Es ist so etwas wie eine Garnele mit Laich im Bauch.« Kazuko San ergänzt die Erklärung ihrer Schwester: »*Amae* bedeutet so etwas wie weich, liebenswürdig, etwas bewahrend, eine emotionale Verpflichtung, passive Liebe, aber auch Selbstliebe.«

Und Mayumi San findet: »Es kann auch heißen, sich fallen lassen, bedingungslos lieben, helfen, sich helfen lassen. Wir alle haben gelernt, diesen Begriff in unserem Leben anzuwenden. Jeder Mensch tut es auf seine Art.«

Deutschland, Echzell

Dodo, 92
Verena, 62
Laura, 36; Lulu, 30
Hannah, 4; Emilie, 1

Willkommen im Institut Lucius

Echzell liegt unweit von Friedberg. Nach der Autobahnabfahrt nach Frankfurt am Main wird es schnell sanft und leise. Kleine Hügelchen schmiegen sich in die Landschaft.

Bald darauf wird die bescheidene hessische Architektur der Jahrhundertwende sichtbar, mit ihren winzigen lieblos angestrichenen Landhäusern, die sich eng aneinander kuscheln und gerade Linien direkt an den Durchfahrtsstraßen bilden. Hier und da eine deutsche, griechische oder italienische Gastwirtschaft, ein paar Lädchen, dazwischen ein Fachwerkhaus, das sich Hotel nennt und mit Ikea-Betten ausgestattet ist. Es wird ruhiger und ländlicher, je weiter wir uns von der Hochgeschwindigkeitsstraße entfernen. Obstbäume blühen, Kühe weiden – ein Landstrich in Deutschland. Das Forsthaus, oder genauer, das Internat der Familie Lucius, ist nur über einen kleinen Waldweg zu erreichen und kommt langsam näher.

»I'm like a bird ...«, singt Nelly Furtado in der Küche des altehrwürdigen Hauses. Laura singt leise mit, auf ihrem Arm sitzt Hannah, die vier Jahre alte Tochter, die die Liedzeilen im Kinderenglisch laut mitkreischt.
»Dies ist der ultimative Sommerhit«, übertönt Laura die Musik, »ich habe den bestimmt schon tausendmal gehört.«

Das Lied klingt langsam aus und schon steht Lulu, Lauras Schwester, am CD-Spieler. »Jetzt bin ich dran.« Wenige Sekunden später ertönt die Stimme des Queen-Sängers Freddy Mercury, der seinen »Great Pretender« ins Mikrofon haucht. Vor Lulus Bauch baumelt die vor drei Monaten geborene Tochter im Tragetuch. »Das ist der tollste Song der Welt für mich«, kommentiert Lulu, und im selben Atemzug: »Jetzt habe ich auch ein Mädchen. Ist das nicht toll? Ich hatte eine unkomplizierte Geburt. Es war ein schneller Kaiserschnitt, hier seht nur, wie klein die Narbe ist.« Sie zieht ihre leichte Baumwollhose bis ans Schambein herunter und deutet auf einen winzigen Schnitt. »Mir geht's super. So eine richtige Geburt, wie bei meinem Sohn – nein danke. Daran habe ich keine guten Erinnerungen. Wozu soll man es auch unnötig schwer haben?« Laura steht am Herd und brät Steaks, biologisch kontrollierte, frei von BSE. »Die hat Vater besorgt.«

Wäre es nicht schon halb zehn Uhr abends, könnte der Musikwettbewerb weitergehen. Doch das Essen will gekocht werden und Hannah muss dringend ins Bett. »Am Wochenende genieße ich es, alles einfach laufen zu lassen. Und nur weil ihr hier seid, werde ich auch nicht so tun, als wäre ich die perfekte Hausfrau«, sagt Laura mit einer mitreißenden Gelassenheit.
»Dass wir beide einmal wieder nach Hause zurückkehren würden, hätte ich vor fünf Jahren nicht einmal im Traum gedacht.« Lulu und Laura lächeln einander an, während das kleine Würmchen in der Bauchtasche regungslos schläft. Die Kinder werden in ihre Betten gelegt, die Steaks sind fertig, die Sommersterne blitzen auf. Ruhe kehrt ein. Während wir es uns am Esstisch gemütlich machen, ist die Erschöpfung der beiden Frauen unübersehbar.

Von links nach rechts: Hannah,
Verena, Dodo, Laura (Lulu
fehlt auf diesem Bild).
Linke Seite: Reinhard Lucius,
Verenas Ehemann.

Laura und Lulu sind die zukünftigen Hausdamen des Institutes Lucius und gerade im Begriff, die Leitung der Internatsschule zu übernehmen.

»Zum Glück haben wir noch Ferien.« Laura hat einige Tage in Frankreich verbracht. »Frankreich kenne ich seit meiner Kindheit. Eine Reise dorthin hat einen hohen Wert für mich. Ich fühle mich, wohl angeregt durch meine Mutter, der Kultur und der französischen Lebensweise sehr verbunden. Ich weiß noch, als damals die ersten Folgen von *Denver* und *Dallas* in den deutschen Fernsehern flimmerten, hatte ich meine erste Begegnung mit dem französischen Kino. Die Filme und die Musik dieses Landes haben mich durch meine gesamte Jugend begleitet und meine damalige Denkweise geprägt.«

Es klopft an der Tür. Ein hochgewachsener grauhaariger, älterer Herr betritt die Wohnküche. Sein schlichter Anzug korrespondiert unauffällig mit der Krawatte, die perfekt gebunden ist und den idealen Abstand zum Adamsapfel einhält. Er lächelt etwas verlegen, als platze er ungeladen in eine fremde Runde. Dann, als wolle er sich entschuldigen, hält er eine kostbare Rotweinflasche in die Luft. Seine Augen sind angefüllt mit genießerischer Freude und sinnlicher Hingabe. Der Vater ist da. Reinhard Lucius wird von seinen Töchtern herzlich zu Tisch gebeten, denn Verena, seine Frau, ist verreist.

Ein Abendessen im Forsthaus

Wir befinden uns in dem ehemaligen Knabeninternat Lucius. Das Internat besteht nach wie vor, doch der Vater ist der letzte Zeuge der Geschlechtertrennung. In alter Familientradition übernahm er im Jahr 1968 die Leitung. Heute steht Herr Lucius kurz vor seiner Pension.

Laura: »Wir sind schon sehr stolz darauf, die ersten Frauen zu sein, die nach der Gründung des Internats im Jahre 1859 die Leitung übernehmen.«
Lulu: »Außerdem haben wir beschlossen, uns die Aufgabengebiete aufzu-
teilen. Laura wird sich in Zukunft ums Lehren und die schulischen Inhalte kümmern. Eine weitere Frau wurde eingestellt, um den geschäftlichen Teil abzudecken. Ich übernehme die Wirtschaftsleitung. Das heißt, die Organisation des gesamten Internatsbetriebs einschließlich der Verpflegung, dem Kontrollieren der Hausordnung und der Freizeitgestaltung unserer Schüler. Die Schüler nennen mich schon Mutter Courage.«
Laura: »Mich kostet das gerade besonders viel Kraft. Eigentlich habe ich eine Ausbildung als Erzieherin in einem anthroposophischen Kindergarten abgeschlossen. Ich hatte mir damals mein Leben etwas anders vorgestellt. Ehrlich gesagt wollte ich erst einmal nur weg von hier. Das ist verdammt hart, wenn man in die Schule geht, die von den Eltern geleitet wird.

Dazu noch die Nähe zu den ganzen Internatsschülern. Alles geht ineinander über: Familie, Schule,
Privatleben ... Ich habe in der Pubertät die Schule
verlassen. Ich habe das nicht mehr ausgehalten.
Auch der ganze Leistungsdruck, der damit verbunden war. Ich glaube, ich habe aus lauter Trotz
nicht studiert. Wollte einfach nur eine Ausbildung
machen und mein Glück in Frankfurt finden. Das
Landleben war mir auch zu eng geworden. Meine
Schwester hat das hier durchgezogen und ist dann
weg nach Frankfurt.« Lulu nickt zustimmend.

Laura: »In Frankfurt hatte ich meine erste Berüh-
rung mit den Bewegungen der achtziger Jahre. Mit
Punk, der mir zu destruktiv war und den Poppern,
die ich zu angepasst fand. Ich musste mich weder
gegen die Gesellschaft abgrenzen, noch gegen
meine Eltern, die eine aufgeklärte, gleichberechtig-
te Beziehung führten. Deshalb hatte auch Alice Schwarzer für mich keine sehr große Bedeutung. Ich glaube, wenn ich mich überhaupt irgendwo einordnen sollte, dann vielleicht in der
Alternativen Szene – zumindest was die Kleidung betraf. Ich glaube, ich hatte schon immer
einen eigenen Kopf und interessierte mich nicht für diese Schubladen. Nur eine Sache habe
ich wohl mit der vielen Menschen meines Alters geteilt: die *Neue Deutsche Welle* und Nenas
›99 Luftballons‹ hörte ich rauf und runter.«

Lulu lacht: »Auch wenn ich hier auf dem Land lebte, sind diese Dinge natürlich nicht an mir
vorbeigegangen. Ich war einfach nur jünger als Laura.«

Laura: »Und jetzt muss ich viel nachholen. Mit dem Entschluss, die Schule zu übernehmen,

musste ich erst einmal an die Uni. Das ist nicht so leicht, neben lauter jungen Leuten ein Lehramtstudium in Englisch und Französisch aufzunehmen. Ich bin jetzt sechsunddreißig Jahre alt und zum Glück fast fertig. Ursprünglich hatte ich vor, mein Referendariat zu verkürzen. Die Anträge waren durch, doch ich muss gestehen, ich bin gescheitert. Das war zuviel auf einmal für mich. Hier arbeitet mein Vater mich langsam ein. Dazu meine eigene Familie, meine zwei Kinder und die Prüfungen. Vor dem Urlaub bin ich etwas zusammengebrochen. Jetzt bin ich froh, dass ich mir den Druck genommen habe. So ist es nun mal, ich kann dazu stehen und ein Jahr mehr oder weniger macht jetzt auch keinen Unterschied mehr.«

Lulu: »Lauras Anspannung hat zwar nachgelassen, aber sie raucht immer noch ganz schön viel.

Während Lauras Jugend von den Geschehnissen der achtziger Jahre geprägt wurde, erinnert sich Lulu ganz besonders an einen Tag: Es war der 9. November 1989 – die Öffnung der Mauer. Sie feierte das große Staatsereignis, umzingelt von vielen Trabis, auf dem Frankfurter Opernplatz.

Vor der Schwangerschaft habe ich auch geraucht. Jetzt, wo ich noch stille, muss ich mich auf ein paar Züge am Tag beschränken. Ehrlich gesagt bin ich froh, wenn alles wieder in seinen alten Bahnen läuft. Ich liebe meinen Beruf und bin auch nicht die typische Mutter. Meine Kinder haben eine Tagesmutter, während ich in der Schule arbeite. Oft verbringe ich zehn, zwölf Stunden am Tag hier im Internat. Deshalb muss ich, anders als Laura, etwas entfernter wohnen. Meine Abende und die Wochenenden sollen wirklich nur der Familie gehören.«

Laura: »Das ist lustig, du brauchst jetzt den Abstand. Mir reicht es, eine abgetrennte Wohnung im Haus zu haben. Aber ohne einander könnten wir sowieso nicht mehr sein. Ich bin so froh, dass wir uns haben und uns die Arbeit teilen. Lulu ist wirklich meine beste Freundin. Ohne sie hätte ich die ganze Krise jetzt nicht überstanden.«

Lulu: »Das ist schon unglaublich, wie wir uns hier zusammengefunden haben. Bis zu meinem fünfundzwanzigsten Lebensjahr, also dem Jahr, in dem ich wieder nach Hause gekommen bin, haben wir uns nicht besonders gut verstanden. Erstens war Laura immer die ältere Schwester, wir sind sechs Jahre auseinander, und zweitens brauchten wir die Trennung. Obwohl wir beide in Frankfurt wohnten, ich habe dort auch meine Ausbildung zur Hotelfachfrau gemacht, hatten wir nicht viel miteinander zu tun. Und jetzt sind wir unzertrennlich. Für die Arbeit ist das perfekt.

Wir stehen nie in Konkurrenz zueinander, denn ihr Beruf wäre gar nichts für mich und ich glaube, Laura geht es auch so. Darin sind wir dann doch sehr unterschiedlich. Ich glaube, ich bin viel bodenständiger als meine Schwester. Ich genieße es außerdem, dass ich auch mal »du blöde Kuh« zu meiner Kollegin sagen kann. Wer kann das schon.«

Laura: »Eigentlich sind wir auf einmal so eine richtige *Old-fashioned-Familie* geworden. Unsere Kinder wachsen miteinander auf, unsere Ehemänner verstehen sich gut, die lustigerweise beide nicht Deutsche sind, was eine große Bereicherung für die gesamte Familie ist. Mein Mann ist Slowene und Lulus Mann halb thailändisch. Außerdem haben unsere Kinder die Großeltern in ihrer Nähe. Das ist ja auch viel wert. Wer hat das heutzutage noch. Manchmal bin ich etwas traurig, dass unsere Mutter nicht so eine richtige Oma für die Kinder sein kann. Aber irgendwie kann ich es auch verstehen. Verena zieht sich langsam auch aus dem Schulbetrieb zurück. Sie hat Jahrzehnte hier unterrichtet und meinen Vater kräftig unterstützt. Sie wünscht sich jetzt auch wieder ein eigenes Leben – jenseits von Kindern und Schule.«

Lulu: »Unsere Mutter war auch immer mehr eine *Society*-Dame als wir. Sie hat sich, im Gegensatz zu uns, weiterhin um das Leben in den Städten gekümmert. Sie liebt das Theater und kulturelle Ereignisse im allgemeinen. Für sie war es oft nicht so leicht, ihr Leben hier in der Provinz zu gestalten. Sie stammt aus einem ganz anderen Elternhaus.

Jetzt beginnt für sie ein ganz neuer Abschnitt. Sie hat gerade mit einer psychologischen Schulung begonnen, trifft sich regelmäßig mit ihrer Arbeitsgruppe und geht darin sehr auf. Das bewundere ich. Sie hat so viel Energie.«

Laura: »Und da ist ja auch noch Dodo, unsere Großmutter, um die sich Mama viel kümmert. Dodo wohnt am Stadtrand von Wuppertal und kommt wirklich aus einem völlig anderen Umfeld. Für sie ist das hier alles nicht immer *chic* genug. Verena besucht Dodo oft. Sie ist jetzt zweiundneunzig Jahre alt und momentan sehr geschwächt. Wir halten uns etwas zurück. Die emotionale Bindung zu Dodo war nie so stark.«

Lulu: »Mir geht es ähnlich. Vielleicht wünschen wir uns gerade deshalb, dass unsere Kinder ein engeres Verhältnis zu Verena haben. Aber allein durch die räumliche Nähe ist bei uns ja schon alles anders, und unsere Mutter liebt die Kinder, auch wenn sie manchmal nicht so viel Zeit hat.«

Laura: »Hannah geht oft morgens zu Verena frühstücken. Die zwei haben so ein eingespieltes Ritual miteinander. Das ist ziemlich süß zu beobachten und scheint Hannah gut zu tun. Hannah ist sowieso im Kopf ein sehr unabhängiger Mensch, sie lässt sich ungern in Systeme pressen. Ich finde es sehr wichtig, dass unsere Kinder noch andere Bezugspersonen haben.

Das ist auch ein Vorteil der Großfamilie. Nebenbei haben wir auch noch ein *Au-pair*-Mädchen, das mir viel hilft. Hannah hat sich gut daran gewöhnt, auch wenn die Mädchen nach einem Jahr wieder gehen. Beim ersten Mal war es ziemlich schmerzhaft, aber jetzt hat sie verstanden, wie weit sie sich darauf einlässt.«

Hannah kommt weinend aus ihrem Bettchen und die gesellige Runde löst sich auf. Während die schwere Tür hinter uns zufällt, merken wir, wie vertraut alles für uns geworden ist. Wir sind zum vierten Mal in Echzell und erinnern uns an den Anfang.

Die evangelisch-lutherische Kapelle ist Bestandteil des Forsthauses. Früher wurden hier die Gottesdienste mit den Internatsschülern abgehalten, mittlerweile wird sie nur zu besonderen Anlässen genutzt, so zum Beispiel zur Taufe aller Kinder der Familie Lucius. Hier wird gerade das Tauffest von Lauras Sohn Julius gefeiert.

Hauptsache, die Gardinen hängen richtig

Zum ersten Mal in Echzell, im Wohnzimmer von Verena Lucius, das liebevoll mit Antiquitäten gefüllt ist, auf denen einige Spielzeuge der Enkelkinder ihre Schlafplätze gefunden haben. Dodo sitzt im schweren Sessel und genießt ihr Glas Sekt. Wir verbringen Zeit mit Dodo, die sich ihre Lebensgeschichte zurück ins Gedächtnis ruft. Galant führt sie ihr Glas an die geschminkten Lippen. Sie ist eine Dame von Welt. Angefangen hat alles in Leipzig, als die damals achtzehnjährige Dodo Hermann Hesse für sich entdeckte. Noch heute liebt sie es, daraus zu zitieren. Ihr Lieblingsgedicht heißt »Stufen«. Sie nimmt einen tiefen Atemzug und spricht die erste Strophe, als wäre es eine Erzählung:

»Wie jede Blüte welkt und jede Jugend
Dem Alter weicht, blüht jede Lebensstufe,
Blüht jede Weisheit auch und jede Tugend
Zu ihrer Zeit und darf nicht ewig dauern.«

Bevor es weitergeht, macht sie eine kleine Gedankenpause. Die Großbuchstaben am Anfang eines jeden Satzes erinnert sie. Dann fährt sie fort, lauter und feiner mit jeder Betonung.
Die neu gewonnene Freiheit im Geiste, angeregt durch Hermann Hesse, wurde mit der Ehe besiegelt. Die Ehe eröffnete der streng erzogenen Tochter, die mit gutem Französisch und Klavierspiel fürs Leben gerüstet wurde, den Weg ins Erwachsenwerden und in

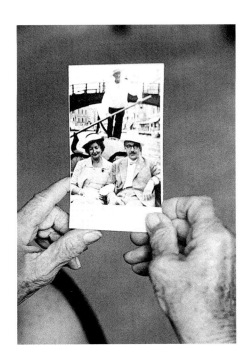

die damit verbundene Unabhängigkeit. So verbrachte die damals Zwanzigjährige ihre erste Nacht außerhalb der elterlichen Obhut im Berliner Hotel Adlon – es war ihre Hochzeitsnacht. Sie hatte eine gute Partie gemacht oder, in ihren Worten: »Die Gardinen hingen richtig«. Von nun an sollte es Champagner regnen, Musik und Literatur das kosmopolite Leben ebenfalls bereichern. Sie begleitete ihren Mann, der als wichtiger Handelsvertreter eines namhaften Wollkonzerns tätig war, durch die halbe Welt. »Ich erinnere mich an eine Geschäftsreise nach Venedig. Wir hatten ein traumhaftes Hotel, und am Nachmittag trafen wir uns alle zu einem Cocktailempfang im Dogenpalast. Es war das alljährliche Treffen der Europäischen Wollkonferenz. Ein herrliches Leben. Ich werde diese Tage nie vergessen.«

Doch dann kam der Krieg, und besonders die Jahre danach veränderten Dodos Leben. Die Kriegsjahre verbrachte sie in Leipzig, wo sie zusammen mit ihrem Mann die Kinder vor den Bombenangriffen schützen musste. Im Jahr 1945 zog die Familie nach Bad Hersfeld. Das Leben war bescheiden.

»Die Kinder gingen zum benachbarten Bauern, um Stoffe oder Wollstränge gegen Nahrungsmittel einzutauschen. Ich konnte immer recht gut improvisieren, hatte selbst in dem kleinsten Zimmer immer Gäste, mit denen wir das wenige Essen teilten. Wir halfen uns gegenseitig.«

Nach dem Krieg kamen allerdings die schlimmsten Jahre in ihrer Erinnerung, denn Dodos Mann wurde im Jahr 1948 in der von russischen Aliierten besetzten Zone inhaftiert. Begründung: Wirtschaftsspionage.

»In Handschellen führte man ihn öffentlich durch Leipzig. Eine furchtbare Demütigung. Zumal er unschuldig war. Es war eine schreckliche Zeit. Als alleinerziehende Mutter von drei Kindern lebte ich in Bad Hersfeld. Es war schwer, den Kontakt zu meinem Mann aufrecht zu halten. Außerdem wollte ich meine damals noch kleinen Kinder nicht so sehr damit konfrontieren. Mein Sohn besuchte ihn einmal im Gefängnis. Es war grauenhaft.«

Als ihr Mann im Jahr 1949 endlich entlassen wurde, konnte das schillernde Leben weitergehen. Wenn auch nicht mehr so unschuldig wie zuvor, denn die

schweren Zeiten hatten ihre Spuren hinterlassen. Mit dem Schiff ging es zunächst in die USA. »Ich liebte die langen Aufenthalte in den Staaten. Besonders in New York. Die vielen verschiedenen Menschen und Kulturen. Endlich konnten wir wieder vergnügt musizieren und an wunderbaren künstlerischen Ereignissen teilhaben.« So verbrachte auch Verena, ihre älteste Tochter, das erste Jahr nach dem Studium in Amerika. Richtig sesshaft wurde Dodo erst mit dem Bau eines großzügig angelegten Hauses am Stadtrand von Wuppertal. Regelmäßig reiste sie nach Paris, denn auch dort war ihr Mann beruflich unterwegs. »Wir genossen das Pariser Leben, die Haute Couture, die Restaurants, das Seine-Ufer ... Ich erinnere mich gerne an die ersten Modenschauen bei *Dior*. Die Tage in Paris waren die schönsten in meiner Erinnerung.

Mein Mann und ich führten eine großzügige Ehe. Da war auch schon mal ein Blick nach rechts oder links erlaubt. Wir flirteten beide sehr gerne. Aber wir kannten unsere Grenzen.«

Als Dodos Mann vor einigen Jahren starb, entschied sie, dieses Haus, in dem sie Ruhe und

Geborgenheit fand, nicht mehr zu verlassen. Und wenn ihr langweilig wird, schaut sie sich gerne ein Tanzstück von Pina Bausch an. »Ich habe wohl fast alles von ihr gesehen. Diese Frau ist eine große Bereicherung für unsere Stadt. Mit Pina Bausch wurde Wuppertal zur Weltstadt.« Heute ist Dodo zweiundneunzig Jahre alt, stolze Mutter, Großmutter und Urgroßmutter. Ihre Salons hat sie in *Happy Hours* verwandelt, denn ein Gläschen Sekt am Nachmittag hat noch niemandem geschadet. Genuss war seit jeher ihr Lebenselixier.

Während Dodo sich die eigens von der Tochter hergerichtete Nachspeise auf der Zunge zergehen lässt, kichert sie ironisch: »*Kompost*, was für ein süßes Wort. Eine absurde Vorstellung für mich, *Kompost* zu kochen.« Und wenn sie an 2000 denkt, findet sie es eher rührend, den Jahreswechsel noch erleben zu dürfen. Die zunehmende Technisierung macht ihr schon etwas Angst, denn die Erlebnisse in der Natur zählen neben den Reisen zu den wichtigsten Dingen in ihrem Leben. Dennoch wird sich ihr Lebensmotto auch durch eine Jahrtausendwende nicht verändern: »I'm always in between!«

Das hat Dodo uns vor zwei Jahren erzählt. Jetzt stehen wir wieder hier, die Tür hinter uns ist verschlossen und wir verlassen langsam den Hof nach unserem vorzüglichen Abendessen mit Laura und Lulu. Kaum zu glauben, dass man damals noch über die Jahrtausendwende sprach.

Ein Kaffeeklatsch im Forsthaus

Verena ist, wie ihre beiden Töchter schon gewarnt haben, eine ziemlich beschäftigte Frau. Heute, wenige Monate nachdem wir uns mit Laura und Lulu trafen, hat sie Zeit für uns. Zu einem, wie sie sagt, »richtig deutschen Kaffeeklatsch«. Im uns vertrauten Wohnzimmer duftet es nach Tee und Apfelkuchen, den Verena, wie sollte es anders sein, noch schnell gebacken hat. »Nicht der Rede wert. Ein französisches Rezept, das ich seit Jahrzehnten zubereite, wenn es schnell gehen soll. Keine große Sache.« Alles, was die quirlige Frau, die nun mit ungewohnter Gelassenheit auf dem Sofa liegt, anfängt, ist »nicht der Rede wert«.

»Ich würde von mir behaupten, dass ich eine fanatische Selbermacherin bin. Oder besser gesagt, eine leidenschaftliche Dilettantin. Nach der Schule habe ich angefangen, die Vielfalt des Lebens und die unendlichen Möglichkeiten kennenzulernen. Ich bin sehr hungrig danach, alles auszuprobieren.« Ihre frühe Kindheit verbrachte Verena im Krieg. »Ich habe eine gute Fluchthilfe für mich entdeckt, um mich der Realität zu entziehen. Ich lebte in einer geschlossenen Fantasiewelt, denn ich verschlang ein Märchenbuch nach dem anderen. Um ehrlich zu sein, tat ich das bis zum Abitur im Jahr 1955. Danach erwachte ich aus dem Dornröschenschlaf.« Verena schlägt ihre Beine übereinander und schaut nachdenklich auf die weiche hessische Hügellandschaft, die sich hinter dem Fenster von ihrer besten Seite zeigt, und erinnert sich an ihre Jugend. »Ich nahm ein Fremdsprachenstudium in Genf auf. Mit dem Abschluss war ich Übersetzerin für Deutsch, Englisch und Französisch. Mein Gott, ist das lange her. Dann wollte ich erst ein-

mal frei sein, mein eigenes Geld verdienen und die Welt erobern. Ich ging nach New York. Amerika kannte ich schon und es gefiel mir.«

Der Tee entfaltet sein Aroma im Zimmer, das je-desmal, wenn wir uns hier aufhalten, viel Leben zeigt. Bücher liegen ungeordnet auf verschiede-nen Möbelstücken, die Kinder haben ihre Spuren hinterlassen, es duftet nach gutem Essen. Außerdem ist es so still in diesem kleinen Fleckchen Erde, dass jeder knackende Ast ein wenig Aufmerksamkeit auf sich zieht. Am Wochenende sind die Schüler zu Besuch bei ihren Eltern, nicht einmal der übliche Lärm, der sonst die Stille unterbricht, ist zu hören. Verena unterbricht die Ruhe. »Neben meinem ers-ten richtigen Job als Übersetzerin hatte ich natür-lich auch einen amerikanischen Freund, mit dem ich einmal quer durch die USA reiste. Ich fühlte mich richtig erwachsen und frei. Außerdem war

Amerika zu Beginn der sechziger Jahre ganz schön aufregend. Das alles hätte ich in Deutsch-land nicht erleben können. Dann fuhr ich an Weihnachten nach Hause. Erstaunlicherweise fühlte ich mich unerwartet stark verbunden mit der Familie, mit meinen Wurzeln, der Sprache, dem Land. Es war 1962. Seltsam, ich war auf einmal ganz zerrissen und bemerkte, dass ich gar nicht mehr so recht in die Staaten zurückkehren mochte, wie ich ursprünglich geplant hatte.

Die Wagner-Festspiele in Bayreuth gehören zu den Bonbons in Verenas Leben. Heute hat sie sich noch einmal in Schale geworfen, um das festliche Opern-Kleid zu präsentieren.

Ich wollte mich niederlassen und blieb. Dann bekam ich eine Anstellung in Bonn bei der Kongolesischen Botschaft. Da hatte ich ein wenig von beidem. Das Fremde im eigenen Land. Ich lernte eine völlig andere Kultur kennen, und da die Botschaft gerade ganz neu war, wurde

ich neben meiner Übersetzertätigkeit auch ein bisschen Mädchen für alles. Wir richteten gemeinsam die Büros ein, ich erzählte den Kongolesen von Deutschland, unseren Sitten und Gebräuchen und lernte viel von ihnen.«

Es ist lange her, dass Verena in ihrer Vergangenheit gewühlt hat. Momentan ist sie vor allem mit der Gestaltung ihrer Zukunft beschäftigt, denn für sie beginnt ein neuer Lebensabschnitt.

Wenn Verena nicht an der Tafel steht, leitet sie eine Schüler-Theatergruppe. Am liebsten inszeniert sie Märchen, eine Reminiszenz an ihre Jugend.

Jetzt, da ihre zwei Töchter den Schulbetrieb übernehmen, kann sie sich langsam zurückziehen. »Ja, und mein Leben hier im Forsthaus fing im Skiurlaub an. Dort lernte ich meinen Mann kennen und verliebte mich nicht nur in ihn, sondern auch in das Internat. Mit einer kurzen Zusatzausbildung bekam ich eine Lehrerlaubnis und unterrichtete Französisch und Englisch.« Verenas Mutter war nicht wirklich begeistert vom Sinneswandel ihrer Tochter. Sie hatte sich für sie ebenfalls ein kosmopolites Leben vorgestellt. Aber dass Verena einmal in der für sie »tiefsten Provinz« landen würde, hatte sie sich nicht ausgemalt. »Ohne meinen Vater wäre ich ziemlich aufgeschmissen gewesen. Er war ein weiser, bescheidener Mann und er hat mich in meiner Entscheidung unterstützt. Ein richtiger Gentleman, für den es keine Klassenunterschiede gab. Ganz anders als meine Mutter, die es geliebt hat, verschwenderisch zu sein. Sie schöpfte alles in vollen Zügen aus, nach dem Motto: solange die Lampe glüht. Meine Mutter war immer ein euphorischer Charakter. Sie liebte die Gesellschaft vieler Menschen, hatte unendlich viele

Freunde, war sehr warmherzig und besonders großzügig. So hat sie einen ihrer besten Freunde, der lebenslang an einen Rollstuhl gebunden war, über viele Jahre begleitet.

Ich erinnere mich noch gut, als ich damit anfing zu lehren und die Inhalte der Schule mitzugestalten, war ich voller Ideale. Wir hatten große Visionen. Schließlich gibt es kaum noch Privatinternate in Deutschland, und wir machten uns ernsthafte Gedanken über das Wesen der Erziehung. Ich las in den sechziger Jahren unter anderem das Buch »Summerhill«, das die Methoden einer antiautoritär geführten Institution beschrieb. Wir interessierten uns sehr dafür, doch stellten wir schnell fest, dass dieses Prinzip nur zu leisten ist, wenn ein speziell geschultes Team von Erziehern und Lehrkräften die Aufgaben wirklich tragen kann.«

Verena schmunzelt bei dem Gedanken an ihre damaligen Visionen und reflektiert die letzten Jahrzehnte, die immer wieder von unterschiedlichen Impulsen und Idealen geprägt waren. »Wenn ich die heutige Generation beobachte, mache ich mir schon ein wenig Sorgen. Was mich ernsthaft beschäftigt, ist das stark ausgeprägte Bedürfnis der jungen Menschen nach direkter Wunschbefriedigung. Die Eltern scheinen ihr primäres Ziel darin zu sehen, die Kinder unentwegt ›glücklich‹ machen zu wollen. Und Zuwendung wird oft mit ›kaufen‹ verwechselt. Die Kinder haben einfach keine Aufgaben mehr, sind nicht mehr Teil eines sozialen Gefüges.«

Abschließend verweist Verena auf einen Satz, der wohl nicht nur ihre Tätigkeit als Lehrerin, sondern auch die Erziehung ihrer drei Kinder vornehmlich prägte. Es ist der Grundsatz von Pfarrer Georg Friedrich Lucius, dem Begründer dieser Schule. Er schrieb damals: »Das Studium der Pädagogik, alle Gelehrsamkeit und Lehrgabe allein machen den Mann noch nicht zum Erzieher. Nur die geduldreiche Liebe lässt das Werk der Erziehung gelingen.«

Echzell war die erste Reise, die letzte Reise und es gab drei Besuche zwischendurch. Hier am Ende haben wir uns gefragt, weshalb wir die Familie unseres eigenen Landes so häufig aufgesucht haben, wonach wir forschen, was wir zeigen und erzählen möchten?

Es waren die zaghaften, oft flüchtigen Momente, die die Begegnungen mit den Familien der fremden Länder kennzeichneten. Diese Momente waren angefüllt mit unserer Neugierde, etwas zu erfahren, und der Freude der Familien, uns ihre Geschichte in Verbindung mit dem Land, in dem sie leben, mit auf den Weg zu geben. So stellte sich uns immer wieder die Frage, ob wir mit demselben flüchtigen Blick auf unser eigenes Land schauen dürfen, oder gar, ob wir es überhaupt können?
Wir waren nicht minder neugierig, die Lebensgeschichte der deutschen Familie zu erfahren. Aber was ist mit dem Wissen über unser Land, über ein Jahrhundert in Deutschland, das gezeichnet ist von zwei Weltkriegen, dem Wiederaufbau, dem Wirtschaftswunder, den sechziger und siebziger Jahren mit ihren politischen Bewegungen, den achtziger Jahren mit ihren unterschiedlichen kulturellen und sozialen Ausrichtungen und dem ausgehenden Jahrtausend? Kann eine Familie es überhaupt leisten, die Geschichte eines ganzen Landes zu repräsentieren?
Sicherlich nicht. Es ist immer nur einen winziger Ausschnitt, eine flüchtige Momentaufnahme, ein kleines Fenster, das sich öffnet. Es ist die Welt in der Pralinenschachtel.

Unser herzlicher Dank gilt den folgenden Personen, die uns auf unterschiedlichste Art und Weise geholfen haben, dieses Buchprojekt zu realisieren:

Judith Albrecht, Alwine Attieg, Aziz Bojang, Patrick Cierpka, Eva Danker, Eva Dietz (La Paz), Ingrid Dietz, Tata Dindin, Jutta Duhm-Heinsmann, Dr. Frank Eickmeier, Johanna Freiburg, Annette und Heiner Georgsdorf, Spatz v. Gerkan, Silvan und Annemarie Guinard, Erika Hähle, Anki und Andreas Hauk, Joachim Hoelzgen, Tania Kadokuro, Dima Katchanov, Karin und Nasatoshi Kuroda, Loulou und Gerhard Kyllmann, Rika Linders, Alexander Lingnau, Lo Lochte, Ingrid und Arturo Manzano-Stein, Berit Myrebøe, Abdallah und Yvonne Rassam, Annette und Günther Rieche, Astrid Schmidt, Situ Singh-Bühler, Herbert Sollich, Hortensia Rocabado de Viets, Anne Volk, Uta Watanabe, Gabriele und Volker Wening.

Meinen ganz besonderen Dank möchte ich den in diesem Buch porträtierten Familien aussprechen. Dank für das große Vertrauen, das sie uns entgegengebracht haben und Dank für ihre weit geöffneten Türen. Ich fühle mich ihnen tief verbunden. Ilse Thoma